sara errani

EXCALIBUR

il mio tennis sul tetto del mondo

di roberto
commentucci

prefazione di
federico ferrero

MONDADORI

Progetto grafico
Claudia Brambilla

Prima edizione: luglio 2014

www.librimondadori.it

Finito di stampare nel mese di giugno 2014
presso Elcograf S.p.A., via Mondadori 15, Verona
Stampato in Italia – Printed in Italy

SOMMARIO

PREFAZIONE

Ebbi le prime notizie sul conto di Sara Errani da vecchi compagni di telecronache. Con la ferocia che spesso colora le conversazioni private "di lavoro", me la tratteggiarono con qualche pennellata al fiele: servizio da club, alza pallonetti, tira un vincente l'anno. Mentirei a me stesso, ancor prima che a voi, se dicessi di essermi invaghito del suo tennis quando la vidi giocare per la prima volta, una decina di anni fa: per quanto mi riguardava, il tennis femminile era l'arte di volo (pressoché senza eredi) di Martina Navratilova, il diritto mortifero di Steffi Graf, al più la geometria da maestrina della crudele Martina Hingis; sopportavo malvolentieri la genia delle bastonatrici-urlatrici del terzo millennio e, senza alcun dubbio, non rimpiangevo l'estinzione delle cosiddette pallettare, categoria cui mi pareva appartenesse quella giovane e minuscola ragazzina romagnola.
Tanti anni e una finale al Roland Garros più tardi, mi ritrovo con piacere a leggere il racconto appassionato di Roberto Commentucci. Il suo ardore, la sua – mi si passi il termine – concupiscenza per le sorti del tennis italiano hanno trovato un giusto premio nelle gioie di Flavia Pennetta, prima italiana di sempre a conquistare un posto tra le prime dieci tenniste del mondo (2009); poi di Francesca Schiavone, prima azzurra a riuscire nell'impresa esorbitante di vincere un torneo dello Slam (Parigi 2010); infine di Sara Errani, alla quale Roberto dedica

questo racconto che è, a un tempo, di riscatto e di celebrazione. A sottovalutarla, del resto, eravamo stati in molti: tanto che il suo appellativo, Sarita, lungi dall'essere un simpatico nomignolo affibbiatole in virtù della statura contenuta, è un omaggio alla sua patria sportiva di adozione, la Spagna, in cui apprese il mestiere di campionessa quando nessuno, se non la sua famiglia e chi divideva quotidianamente con lei il campo, osava anche solo sperare nel successo che si è regalata negli ultimi due anni.
Un gioco, il tennis, ormai ostaggio di centimetri e muscoli, anche nella sua versione rosa: eppure la Errani ha saputo stravolgere i requisiti di accesso al club di eccellenza con astuzie degne di Michael Chang, l'Einstein del nostro sport. Qualche centimetro di gap limato con una racchetta più lunga, l'attenzione maniacale ai dettagli, una strategia di gioco pensata per piegare le gambone e la resistenza delle picchiatrici forsennate di oggidì. Se è vero che non è richiesta la frequentazione del Politecnico per imparare i fondamenti del tennis, è altrettanto pacifico che le valchirie della racchetta (Williams, Azarenka, Sharapova) hanno restituito agli spettatori una versione fin troppo semplice del gioco: se si vuol vincere è sufficiente aggredire la palla, usarle violenza, farla sanguinare. A patto di essere delle superdonne. Con la stazza del fantino, invece, il mondo è tutto un altro: le partite si vincono con la corsa, la fatica, l'idea giusta, l'astuzia, la controffensiva. Non con i pallonetti: quelli non funzionano più. E serve una dose di tigna smisurata, non richiesta a chi sa di poter contare sui cavalli-motore di una fuoriserie. La rinuncia alla resa, ecco, è un ingrediente che trova il suo massimo esponente proprio in Sara Errani. Per una categoria, quella dei tennisti italiani, accusata per decenni di indulgere in capricci e mollezze dopo i primi successi, è una conquista di valore assoluto.
E poi il doppio, arte un poco desueta ma unica oasi sopravvissuta agli eventi per gli amanti di un tennis più di destrezza e meno di polmoni: certo, aver stretto un sodalizio con la miglior volèe del circuito, quella di Roberta Vinci, è stato per lei un autentico affare. Ma nel procedere ad allestire la collezione di titoli in coppia Sara Errani ha rivelato anche le sue doti più nascoste,

invisibili all'occhio dello spettatore non specializzato: il tocco, la sensibilità, la varietà, tutte qualità in preoccupante deperimento nei nostri tempi di palestra e violenza.
Nella sua doppia scalata al monte tennis, da singolarista e da doppista, Sara ha dato sfogo a virtù meno accattivanti di un colpo-cannone ma ugualmente utili alla causa: se la pantera Serena Williams può risolvere una partita scagliando *ace* a più di duecento chilometri all'ora – e facendo impallidire qualche suo collega maschio – alla Errani tocca aggiungere un cucchiaio di pensieri e di volontà a ciascun punto di ogni suo match. Con la consapevolezza di non poter contare mai su una scappatoia, su un'arma salvifica pronta all'uso nei momenti di difficoltà.
La storia di Sara, anzi, della sua mutazione da brava giocatrice a piccolo fenomeno, narra di una ragazza cui nulla è stato regalato. In un Paese abituato a tributare onori a donne baciate dal dono della bellezza e nulla più, ha il sapore di una meravigliosa rivalsa.

Federico Ferrero

CHI ESTRARRÀ
QUESTA SPADA
DALLA ROCCIA
SARÀ DI DIRITTO
RE D'INGHILTERRA.

THEODORE H. WHITE

PROLOGO

"Increíble... es increíble! Noooo... Espectacular! Es increíble... increíbleeee!".
È davvero sbigottito Pablo Lozano. Da almeno dieci minuti continua a ripetere, a sussurrare tra sé quella parola, "Increíble!", in un crescendo di esaltazione, il viso atteggiato a un'espressione di meraviglia molto simile a quella di un bambino davanti a un giocattolo a lungo desiderato.
È inverno. Nella fredda luce del mattino, su uno dei due campi sintetici in GreenSet dell'accademia TenisVal, appena fuori Valencia, il giovane tecnico spagnolo non sta più nella pelle. In campo, a pochi passi da lui, impegnate in un'intensa sessione di allenamento, la mancina spagnola Beatriz García Vidagany, tenace regolarista, e l'azzurra Sara Errani, la pupilla di Lozano, la ragazzina italiana arrivata in Spagna sette anni prima, appena diciassettenne, un concentrato di volontà dietro due occhi azzurri luminosi e intelligenti, con un fascio di racchette sotto il braccio e un'ambizione feroce rinchiusa nel petto. Lozano ripensa al loro primo incontro: Sara era alla ricerca di un allenatore che credesse – finalmente – in lei. Uno che non la guardasse con aria scettica, valutando beffardo, come facevano tutti, i suoi 164 centimetri di statura. Lui, Pablo, giovane coach preparato e ambizioso, ci aveva creduto. Si erano capiti subito e avevano scommesso l'uno sull'altra. Ce l'avevano messa tutta, girando i quattro angoli del pianeta, prima nell'in-

ferno degli ITF, i tornei minori, poi nel circuito WTA, un mondo tanto dorato quanto spietato. Pablo poteva essere soddisfatto della strada percorsa insieme: l'aveva portata dal numero 500 al numero 30 della classifica mondiale, con due tornei vinti nel circuito maggiore e una grande continuità di rendimento. Per quattro anni di fila la romagnola aveva chiuso la stagione tra le prime cinquanta del mondo.
Un risultato che pochi, specie in Italia, avevano creduto possibile.
Sara però non è appagata da quella che si prefigura come un'onesta, solida carriera professionistica, senza particolari acuti. È sempre lì ad arrovellarsi, a rivedere i filmati delle sue partite, a studiarsi, a cercare di imparare qualcosa di nuovo, a limare un dettaglio, mettere in repertorio una soluzione in più da tirare fuori al momento opportuno.
In quel freddo dicembre sono come sempre alle prese con la preparazione invernale, una fase cruciale per tutti i tennisti professionisti. Oltre a preparare il corpo, a lavorare sul fondo, a "fare benzina" per i primi mesi di tornei, la lontananza dalle competizioni consente di lavorare con calma anche sulla tecnica, sui colpi, per migliorare i punti deboli e per esaltare ancora di più i punti forti del proprio arsenale.
Sara pensa al tennis ventiquattro ore al giorno, una ne fa e cento ne pensa. Pablo le dice sempre che per progredire ancora, per avvicinarsi alle migliori, deve evolversi, completare il suo gioco, e che per farlo deve diventare più aggressiva, più efficace in fase offensiva. Contro le più forti, le *top players*, non basta non sbagliare, riprendere tutto in difesa, aspettare l'errore: Sara deve abituarsi a comandare maggiormente il gioco. Per fare questo, tuttavia, nel tennis moderno occorrono soprattutto due ingredienti: le doti di anticipo, per colpire la palla il più presto possibile e rubare tempo all'avversario; e ovviamente la potenza. Tanta potenza. Bisogna tirare forte, molto forte, e in questo aspetto all'azzurra manca qualcosa, vuoi per il fisico non esattamente da corazziere, vuoi per un'impostazione tattica da sempre basata sulla difesa e la regolarità.

Pablo Lozano allena Sara dal 2004. Tra di loro è un dialogo costante e quotidiano, fatto di scontri, scherzi e confronti. Su tutto.

Quante discussioni, sempre sullo stesso argomento.
"Pablo, che ne pensi di questo schema? Palla corta e discesa a rete. Così, appena posso comandare io, ho una soluzione offensiva in più".
"Sì, vale vale. Ma la cosa más importante es otra, Sarita".
L'azzurra lo guarda con gli occhioni sgranati, come un oracolo.
Pablo continua a parlare nel suo personalissimo linguaggio, un mix italo-spagnolo.

"Sarita, para ser más agresiva, tienes que ganar más potencia, sobretodo con la derecha".
"E come faccio? Più di così non ci riesco, Pablo, ormai ho ventiquattro anni, non sono una dodicenne... Mica vorrai che mi metto a cambiare l'impugnatura del diritto, no?".
"No, no, el grip no se puede. El problema no está aquí. Yo pienso que tu puedes ganar mucha potencia jugando con una raqueta más lunga, una *long body*".
"Ma Pablo, io non ho nessuna intenzione di abbandonare la

mia Wilson. Ci gioco da una vita, mi ci trovo benissimo, mi dà un gran controllo... la sento come un prolungamento del braccio! Non se ne parla nemmeno, guarda".
Non c'era stato nulla da fare.
Eppure il ragionamento del coach spagnolo era in fondo semplice: una leva più lunga incrementa la velocità d'impatto fra la racchetta e la pallina. È il concetto di velocità angolare, il motivo per cui, in una ruota a raggi, un punto posto nella parte più esterna gira molto più rapidamente di un altro punto, sullo stesso raggio, situato vicino al mozzo.
Per questo, non potendo allungare le braccia della sua allieva, Pablo voleva persuaderla a giocare con una racchetta più lunga.
Esistono diversi casi di giocatori di piccola taglia che hanno guadagnato potenza e incisività nei colpi grazie a una racchetta più lunga; il più famoso è quello di Michael Chang, il cinesino d'America, vincitore del Roland Garros nel 1989. Alto poco più di un metro e settanta, grande anticipo, gambe rapidissime, formidabile fase difensiva e mostruosa solidità mentale, Chang era diventato un tennista di altissimo livello, ma sentiva di non poter contrastare, sul piano della potenza, avversari del calibro di Pete Sampras, Boris Becker o Jim Courier,

Sara e la sua inseparabile compagna di viaggio, la fida Excalibur.

tutti molto più alti e forti di lui. E allora, a un certo punto, aveva chiesto e ottenuto dai fabbricanti del suo fedele racchettone Prince di svilupparne appositamente per lui una versione più lunga di un paio di centimetri. E con quella era riuscito a ottenere risultati incredibili, migliorando esponenzialmente l'incisività dei suoi colpi, sino ad arrivare, nell'incredulità generale, al numero 2 del ranking mondiale.
Per questo Pablo insisteva tanto.
Non potendo fare di meglio, una sera si era arrangiato a modo suo, e si era messo a cercare di prolungare, artigianalmente, la Wilson Tour BLX dell'azzurra incollando in fondo al manico un segmento aggiuntivo di grafite. Un tentativo tanto ingegnoso quanto disperato che, come prevedibile, non aveva funzionato.
E così, quella mattina di dicembre del 2011, quando arrivano all'accademia per la sessione di allenamento con Beatriz García Vidagany, sono ancora al punto di partenza.
Entrate in campo, le due ragazze si sono coscienziosamente riscaldate, hanno iniziato a provare i colpi, prima a metà campo, poi dal fondo, prima a bassa velocità, poi alzando progressivamente il ritmo. Cinque minuti di palleggio sulla diagonale destra, cinque sulla diagonale sinistra, e poi un po' di punti a tutto campo. La ragazza spagnola è molte posizioni in classifica dietro Sara, ma non pare esserci troppa differenza nel livello di gioco. La mancina iberica tiene agevolmente il ritmo della nostra e, anzi, spesso la sorprende con precise accelerazioni.
Pablo segue in silenzio. Dopo circa mezz'ora le due ragazze si fermano per bere un po' d'acqua e si mettono a parlottare sulla panchina. A un certo punto Sara si gira verso il suo allenatore e gli mostra l'attrezzo usato dalla compagna di allenamento.
"Mira, Pablo! Beatriz ha una *long body*!".
Si trattava di una versione relativamente recente di una racchetta molto nota, in commercio da tanti anni: la Babolat Pure Drive, un attrezzo diffusissimo e molto apprezzato, tanto fra i professionisti quanto fra i giocatori di club. Da poco tempo la casa francese ne aveva messo in commercio un modello prolungato, lungo 70 cm in luogo dei canonici 68,5.

"Bea, fammela provare...".
Il tecnico spagnolo strabuzza gli occhi: Sara, la testarda Sara, la cocciutissima Sara, che accetta di provare una nuova racchetta!
Le due ragazze riprendono la partita di allenamento e... accade il miracolo: la malcapitata Beatriz, che fino a quel momento riusciva a tenere botta più che dignitosamente, tutto a un tratto sembra sparire dal campo, sballottata in lungo e in largo dai colpi di Sara. Improvvisamente la palla inizia a uscire dalla racchetta dell'azzurra con una velocità, una fluidità, una profondità, una rotazione mai viste. La spagnola si ritrova costantemente buttata tre metri fuori dal campo, nel vano tentativo di ribattere efficacemente le traiettorie rapide e insieme cariche di velenoso top spin disegnate dalla romagnola. Due, tre colpi profondi, ad aprire il campo, e poi "PAM!" la conclusione vincente, secca come una fucilata, con la spagnola impotente, a tre metri dalla palla.
Dopo due minuti Pablo ha già capito tutto. Anche il rumore è diverso. Ora è uno "STOCK!" pieno e profondo, quel suono inconfondibile, musica per tutti i maestri di tennis, che testimonia, senza ombra di dubbio, che la palla è stata colpita nel centro esatto del piatto corde, nel famoso "punto di impatto ideale", dove tutte le forze sono equamente distribuite e da dove vengono scagliati i colpi più potenti e più precisi. Tutti i tennisti, anche quelli della domenica, conoscono quella sensazione unica che si prova colpendo la palla nel centro esatto del telaio.
Figuriamoci una professionista come Sara.
Gasatissima, continua a scagliare una bordata dopo l'altra, a un ritmo sempre più forsennato. Sul suo volto ora sembra essere scesa come una luce, i piedi vanno a mille all'ora, l'espressione del viso, totalmente rilassata, lascia trapelare una profonda beatitudine dello spirito. È quello che gli anglosassoni chiamano "to be in the zone", ovvero quel raro stato di grazia tennistica in cui si ha l'impressione di non poter sbagliare più un colpo. Di essere infallibili, invulnerabili, imbattibili.

Nella successiva ora e mezza Sara sbaglierà in tutto due palle (sì, avete letto bene: due soli colpi sbagliati in novanta minuti!).

Un po' di musica per rilassare i muscoli e la mente. Tra i cantanti preferiti di Sara, Laura Pausini, Beyoncé e Rihanna.

A fine allenamento le due ragazze escono dal campo. Beatriz è stravolta dalla fatica profusa in cento vane rincorse, si è sfinita all'inseguimento dei missili della nostra. Sara, invece, fresca come una rosa, stringe amorevolmente la Babolat azzurra e bianca: "Bea, me la lasci per favore? Vorrei giocarci ancora un po' nel pomeriggio... te la restituisco domani".
E subito dopo, rivolta al suo allenatore: "Pablo, io scappo in centro città. Vado a comprarne altre cinque o sei... ci vediamo qui subito dopo pranzo".
Un attimo, ed è scomparsa.

Adesso Pablo è preoccupato. Passata l'euforia del mattino, inizia a ragionare con più freddezza. Sa che per un professionista cambiare racchetta non è una cosa facile, specie dopo tanti anni passati a giocare con lo stesso modello. Sa che con Wilson Sara ha un rapporto contrattuale di lunga data, che prevede obblighi precisi. Infine, sa anche troppo bene che la sosta invernale volge al termine, che il tempo per allenarsi e abituarsi al nuovo attrezzo è troppo poco, che fra pochi giorni iniziano i tornei, che una crisi tecnica nel bel mezzo della stagione potrebbe costare molto cara a Sara. Sa che in un battibaleno la sua pupilla potrebbe trovarsi sbattuta fuori dalle prime cento giocatrici del mondo, fuori da tutti i tabelloni dei tornei WTA. Fuori da quel posto al sole per il quale loro due hanno ferocemente lottato insieme, per tutti quegli anni.
Ed ecco di ritorno la romagnola. Scende dalla vettura tutta contrariata. L'espressione felice della mattina è scomparsa.
"Ho girato tutta Valencia, Pablo. Non ne hanno disponibili. Ne ho ordinate sei, arrivano dopodomani sera. Sí, lo so, appena

NIKE
TRACK & FIELD

in tempo per la partenza. Va beh, ho la racchetta di Bea, vorrà dire che in questi giorni giocherò con quella".
"Perdona, como puedes entrenar solo con una raqueta? Y cuando se rompen las cuerdas?".
"Beh, mi fermo un attimo, vado da Miguel e me la faccio incordare al volo".
E indica l'incordatore dell'accademia, seduto poco distante. Pablo scuote la testa, perplesso. Cerca di immaginare la sua allieva che sospende l'allenamento e se ne sta venti minuti ferma davanti alla macchina incordatrice, in attesa.
"Sara, si quieres probamos, pero piénsalo bien: no tenemos bastante tiempo, sabes? En tres días estaremos en Australia. Quieres empezar con una raqueta que no conoces? Estamos locos?"
Sara lo guarda quasi stupita. Lo fissa con due occhi sereni, sorridenti, pieni di fiducia, ma anche di fermezza. La sua voce è molto tranquilla.
"No, Pablo, tu forse non hai capito. Io questa racchetta non la lascerò più, per tutta la mia vita. Non avevo mai provato una sensazione simile. Mi sembrava di essere invincibile, di avere in mano quella spada magica, come si chiama... quella di re Artù... Excalibur! Ecco, sì, Excalibur. Guai a chi me la tocca".

È stato detto e scritto tante volte: fra tutti gli sport, il tennis è forse quello che più da vicino ricorda i duelli cavallereschi, quelli dei poemi epici, delle saghe nordiche. La lotta dell'uomo contro l'uomo. È un po' come nell'*Iliade*, o nell'*Orlando Furioso*, o nella *Canzone dei Nibelunghi*, o ancora nel *Signore degli Anelli*: quando due eroi si fronteggiano, la battaglia si ferma, i soldati si pongono a cerchio attorno ai protagonisti e diventano spettatori. Allo stesso modo, i tennisti sono soli, laggiù, in fondo all'arena. "It's you and me, baby, just you and me!", come ripeteva Jimmy Connors, nel corridoio fra lo spogliatoio e il campo, per intimorire l'avversario. Un match di tennis è una perfetta metafora della lotta per l'esistenza, del duello all'ultimo sangue. Non c'è il pareggio, nel tennis: uno dei due conten-

denti deve morire sportivamente, a maggior gloria dell'altro, che andrà avanti nel torneo, alla conquista della gloria.
Nei poemi epici i guerrieri trovavano coraggio, esorcizzavano la paura, affidandosi al loro equipaggiamento. E così davano un nome alle corazze, ai corni da guerra, alle spade. Ecco Balmung, l'invincibile spada del nibelungo Sigfrido, forgiata col metallo di un meteorite; o Mithril, la corazza di maglia elfica indossata da Frodo Baggins; ecco Durlindana e Olifante, il brando e il corno del protagonista della *Canzone di Orlando*. Portano nomi, proprio come le persone, perché non sono più oggetti ma cose vive, preziosi alleati dalla cui efficienza dipendono la vita e la morte.
Ecco allora che non è una coincidenza se Sara Errani battezza la sua nuova arma Excalibur. Come i guerrieri antichi, sente che essa è stata a lei destinata non per caso, ma per un disegno superiore. Ne fa il suo talismano, il suo mantra, il segreto della sua forza. E guai a chi gliela porta via.
Anche se si devono pagare 30.000 sacrosanti euro di penale all'incolpevole Wilson.
Sara, formichina coscienziosa, quando apprende l'entità della somma da versare vacilla. Lotta due giorni con se stessa, arrovellandosi. Poi decide che non può fare a meno di Excalibur. Chiama suo padre e dà il via libera: si paga la penale.

L'ora è giunta. Terminata la preparazione, in un crescendo rossiniano di confidenza con il nuovo attrezzo, è il momento di partire per una nuova stagione di duelli all'ultimo sangue. Fra entusiasmo, misticismo e incoscienza, si salpa alla conquista dell'Australia, Excalibur ben stretta in pugno.

I CAMPIONI NON SI FANNO
NELLE PALESTRE.
I CAMPIONI SI FANNO
CON QUALCOSA CHE HANNO
NEL LORO PROFONDO:
UN DESIDERIO, UN SOGNO,
UNA VISIONE.

MUHAMMAD ALI

DOWN UNDER

Tra le genti di lingua inglese "Down Under", che letteralmente significa "giù di sotto", è un'espressione gergale che indica il continente australe, l'Oceania. Per gli europei tuttavia la traduzione più corretta dovrebbe essere "sottosopra", o qualcosa di simile, giacché quando si arriva in Australia si prova sempre, anche se ci si è già stati altre volte, uno scombussolamento generale. Gli australiani hanno fama di essere un popolo straordinariamente coriaceo. E anche nel tennis, anzi forse soprattutto nel tennis, l'Australia è per gente dalla pelle dura. Tant'è vero che molto raramente gli italiani hanno fatto qualcosa di buono laggiù, e i risultati positivi dei nostri nello Slam "Down Under" si contano sulle dita di una sola mano.

Il massacrante viaggio di ventiquattro ore; il fuso orario da smaltire; l'improvviso caldo soffocante dell'estate australe, che taglia le gambe e mozza il respiro. Soprattutto, un ambiguo senso di straniamento, la sensazione di essere capitati in un luogo totalmente diverso da quelli frequentati abitualmente: un luogo misterioso e sconosciuto, pervaso da un che di ostile, nonostante i civilissimi, sportivissimi e gentilissimi abitanti. Insomma, ci si sente come se, anziché da un Boeing, si fosse scesi da una navicella spaziale e si fosse finiti su un pianeta alieno. Due sono gli elementi principali di questo improvviso malessere: la luminosità abbacinante dell'atmosfera, tipica del continente australe, che sembra ferire le pupille non abituate, e il famoso vento dell'oceano, che rende la traiettoria della palla imprevedibile e può farti letteralmente impazzire. Per giocare a tennis è un vero inferno. Un test severissimo per le qualità tecniche, fisiche e caratteriali dei giocatori.

Ma laggiù si disputano il primo Slam della stagione e altri tornei importanti: ci sono in palio soldi e punti pesanti. Se si hanno ambizioni vere, la trasferta australiana va affrontata e domata.

Sara e Pablo hanno tracciato una programmazione prudente, in linea con quella degli anni precedenti: si comincia dal torneo di Auckland, Nuova Zelanda, che in genere presenta un campo di partecipazione di discreto livello, ma non proibitivo. Ciò consente di avere buone chance di vincere dei match, di giocare due-tre incontri, per prendere il ritmo partita e arrivare ben rodati a Melbourne.

La prima avversaria dell'anno è la svedese Johanna Larsson, numero 59 WTA, una bella ragazzona bionda, dai colpi potenti, ma con limiti precisi: non troppo rapida negli spostamenti, non un cuor di leone, e con un gioco decisamente prevedibile. Sara se ne libera con un incoraggiante 6-1 6-1.

Il secondo turno però è un'altra cosa. Yanina Wickmayer è una ragazza belga segnata dalla vita, rimasta precocemente orfana di madre e tirata su dal solo padre Marc, un appassionato che l'ha cresciuta a pane e tennis. È un'atleta strepitosa: alta, potente, con due spalle da canottiere, un servizio bomba e due fondamentali assassini. Sul cemento è una delle più temibili giocatrici del circuito. È numero 27 in classifica, ma secondo molti tecnici ha un potenziale da prime dieci. E soprattutto, nei tre incontri giocati in precedenza, la sua potenza ha sempre avuto facilmente ragione delle geometrie e della difesa della romagnola. Uno dei compiti più

Melbourne, gennaio 2012.
Sara durante gli Australian Open,
sia in singolo sia in doppio
con Roberta Vinci.

Babolat

australian open

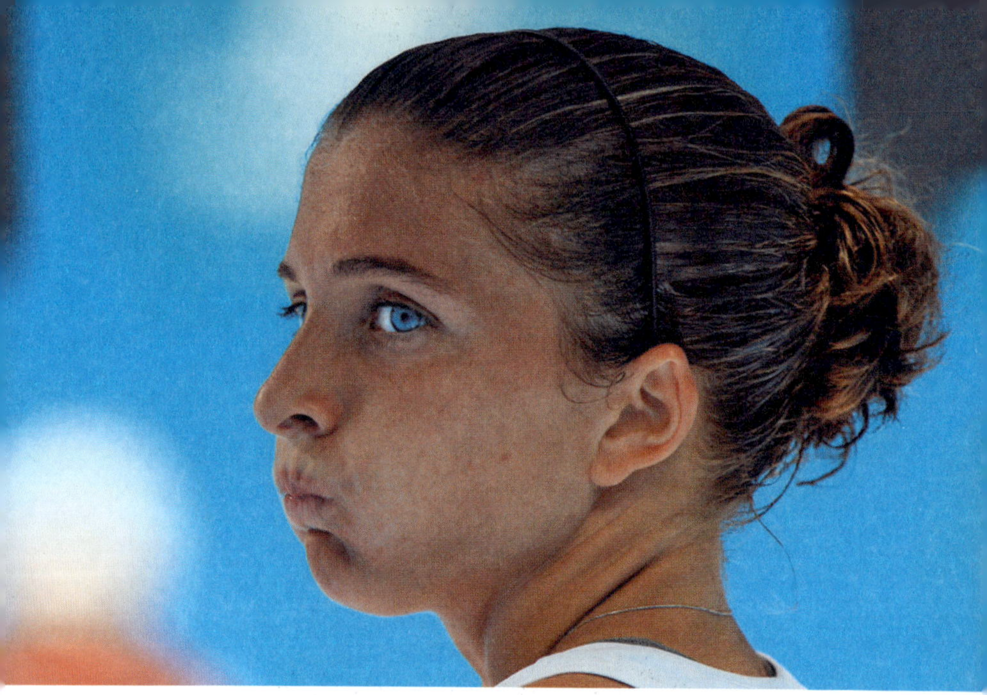

difficili, per un allenatore, è la preparazione di una partita con un avversario contro il quale la propria giocatrice ha sempre perso. È un altro dei diabolici risvolti del tennis, sport "mentale" come pochi. Se giochi contro uno che ti ha sempre sconfitto, hai di fronte più che mai due avversari: quello dall'altra parte della rete, e te stesso. La tua mente ripensa costantemente alle sconfitte subite, le analizza, le rivive, riprova le medesime sensazioni... e in men che non si dica, alla prima difficoltà, si va nel panico: il piano tattico è dimenticato, si forzano le soluzioni, si smette di lottare e si getta la spugna. In un amen la partita se n'è andata. Gli psicologi, con la loro mania classificatoria, parlano di memorie negative, coazione a ripetere, profezie che si autoavverano, eccetera eccetera: "Ancora con quella lì? Uffa, il suo gioco mi dà fastidio, con lei non riesco a esprimermi, ci perdo sempre!". Ma stavolta, in quel di Auckland, Pablo Lozano pensa, spera, che le cose possano andare diversamente. "Sara! Escucha me! Lei serve bien la primera pelota, pero la segunda no es tan fuerte: attaccala! Girate con la derecha e vai dentro con toda la fuerza! Ahora que tienes

La premiazione della finale del doppio a Melbourne 2012 e lo scatto pre-match nei quarti in singolo contro la Kvitova.

una raqueta nueva puedes tirar más. Falla correre, vamos!". Inizia il match: Yanina picchia forte, come sempre. Sara, al solito, non molla un centimetro, difende l'impossibile. Il primo set è una lotta punto a punto. La nostra va due volte avanti di un break, 3-2 e 4-3, ma si fa riprendere e finisce per cedere la frazione con un bugiardo 6-4. Inizia la seconda partita e l'azzurra va subito sotto 1 a 0. Il match pare segnato, sembra destinato a finire come le altre volte. Sara è lì in piedi, al cambio di campo. È angosciata, afflitta da un oscuro senso di colpa, quasi disperata. Pensa ai 30.000 euro pagati alla Wilson, alla discussione avuta con il padre, ai dubbi di Pablo. "E se adesso perdo lo stesso? Tutto questo non sarà servito a niente...".
E lì, con le spalle al muro, di fronte alle proprie responsabilità, qualcosa scatta nella testa della romagnola: "Non ho scelta, devo rischiare. Tanto, se continuo a giocare allo stesso modo, alla fine perdo ugualmente".
Sara fa un passo dentro al campo, prende alla lettera i consigli del suo coach e inizia ad aggredire costantemente le seconde di servizio della belga. Una, due, tre risposte vincenti, che

danno coraggio a chi le esegue e minano le certezze di chi le subisce. La partita cambia. Yanina è sorpresa, stupita. Guarda Marc, il padre-allenatore, sembra non riconoscere più l'avversaria. "Ma questa non è la solita Errani, quella che difende e basta..." sembra pensare. E il suo gioco va in pezzi, di schianto. La belga inizia a forzare di meno la prima palla di servizio, per non rischiare di essere attaccata sulla seconda. Ma così facendo non le riesce più di comandare subito lo scambio ed è costretta a correre, a difendersi, ovvero ciò che più odia. Sara lo capisce. Sente, con un istinto quasi ferino, la paura dell'avversaria. Prende sempre più fiducia e lascia andare sempre più il braccio. I vincenti fioccano. È un massacro. I due set successivi finiscono con un perentorio 6-1 6-1.
Sara esce dal campo raggiante. Lì per lì non se ne rende conto, ma quel match vinto in capo al mondo, nella fresca sera neozelandese, sul piccolo campo centrale di Auckland, segna l'autentica svolta della sua carriera. Ha imparato. Ha capito che anche lei può comandare il gioco, anche lei può tirare vincenti a ripetizione, anche lei può fare a pallate con le ipervitaminiche valchirie del Tour femminile.
Sente che il suo non sarà mai più un tennis di sola difesa.
E non importa se nel turno successivo si esce dal torneo, per mano di Sveta Kuznetsova: certe sensazioni, per un tennista, sono molto più importanti di una vittoria o di una sconfitta. Sono quelle sensazioni che ti restano dentro, che ti fanno vedere il mondo da un altro punto di vista, che ti aprono orizzonti inesplorati. Attimi fugaci, momenti fuggenti, preziosi flashback con cui nutrire l'autostima.
Quei momenti per cui vale la pena vivere.

Dopo un altro buon torneo a Hobart, in Tasmania, dove la nostra ritrova (e ribatte) la Larsson, per poi cedere alla poderosa tedesca Kerber, si parte alla volta di Melbourne, l'evento clou della prima parte della stagione.
L'Australian Open, "The Slam of Asia-Pacific" come viene definito dagli esperti di marketing anglosassoni, è un torneo che,

dopo aver attraversato una lunga crisi, nella seconda metà degli anni Ottanta ha saputo rilanciarsi, cambiando coraggiosamente la data di svolgimento (spostata da dicembre a gennaio), investendo su un impianto avveniristico (il magnifico Melbourne Park) e puntando forte sulla grande passione degli australiani, un popolo che ama alla follia lo sport (in generale) e il tennis (in particolare).

Nei tornei dello Slam i giocatori sono trattati come star, coccolati fino all'inverosimile, a cominciare dal montepremi: per una sconfitta al primo turno, infatti, si incassano più soldi che

Una passata di asciugamano,
un sorso di integratori
e si ricomincia a faticare
e a sudare.

per un piazzamento nei quarti di finale di un evento di medio livello. Ma il fascino dello Slam non è solo nel denaro. Per i tennisti professionisti giocare uno Slam è soprattutto altro. È il desiderio di emulare i campioni che si ammiravano da piccoli; di giocare e vincere negli stadi dove hanno visto trionfare i propri idoli d'infanzia; di alzare i trofei che hanno visto in mano ai loro beniamini.
In una parola, negli Slam si lotta per la tradizione. Unica, autentica portatrice di gloria.
Sara inizia il torneo da numero 47 del ranking, a fari spenti. Le stelle azzurre si chiamano Francesca Schiavone e Flavia Pennetta, le uniche due giocatrici italiane che sono riuscite a entrare fra le prime dieci del mondo, l'ossatura di una fortissima squadra di Fed Cup. Francesca è stata addirittura la prima azzurra, nel 2010, a vincere un torneo del Grande Slam, il Roland Garros, per poi rischiare seriamente di fare il bis l'anno successivo. L'attenzione dei media, del pubblico e degli appassionati è tutta rivolta a loro, mentre poche speranze, al solito, si appuntano sul settore maschile. Nessuno, in Italia, ha minimamente percepito quel che sta per accadere.
Dopo un primo turno agevole, contro la giovane (e affascinante) qualificata russa Valeria Savinykh, il torneo vero e proprio di Sara inizia contro Nadia Petrova, testa di serie numero 30, trentenne moscovita carica di allori (è stata anche numero 3 del mondo).
Dell'atletica Nadia si è scritto che ha "i cromosomi a cinque cerchi", come il simbolo olimpico: il papà è stato un potente lanciatore di martello, la mamma correva i 400 metri. Un cocktail fisico esplosivo, che unito all'eccellente tecnica tennistica (servizio fantastico e colpi poderosi) ne spiega ampiamente i grandi risultati. Insomma, si tratta della tipica giocatrice contro la quale la "vecchia" Sara non è mai riuscita a spuntarla. Ma come sappiamo qualcosa è cambiato: l'azzurra sfodera una prestazione maiuscola alla risposta, riesce a strappare il servizio per ben sette volte a una delle migliori battitrici del circuito e si aggiudica il match con un perentorio 6-2 6-2.

Altro capolavoro nel terzo turno, contro una tennista discontinua ma molto pericolosa. La rumena Sorana Cîrstea non ha una gran classifica, è una di quelle che fanno disperare il proprio coach e i propri tifosi. Una che quando le gira male è capace di bombardare i teloni di fondo campo per due ore di fila, senza azzeccarne una, ma che quando si alza dalla parte giusta del letto può svellere le righe dal terreno, a forza di pallate. Tant'è vero che nel turno precedente è stata capace di sbattere fuori dal torneo nientemeno che Samantha Stosur, la padrona di casa, testa di serie numero 6. Ebbene, la bombardiera dei Carpazi contro Sara regge solo un set, il primo, dove per giunta la nostra manca un mucchio di occasioni: prima un vantaggio di 5-3, poi un set-point sul 6-5 in suo favore nel tie-break, buttato alle ortiche con una tremebonda risposta in rete su una timida seconda di servizio della rumena. Sorana, scampato il pericolo, si aggiudica il tie-break e la frazione per 8-6; va a sedersi tutta sorridente, al cambio di campo, convinta che Sara accuserà il colpo, dopo aver sciupato così tanto, in quel set durissimo. Invece, a sorpresa, è Sorana che in un attimo si trova sotto 3 a 0.
E all'improvviso si rende conto che non ha abbastanza energie mentali per stare lì, sotto il sole cocente, a lottare, se va bene per altre due ore, spalla a spalla, contro quella specie di zanzara italiana che non le dà mai una palla uguale, che arriva dappertutto, recupera l'impossibile e poi, appena lei abbassa un attimo il ritmo, la trafigge con un vincente o la beffa con una palla corta. La rumena si arrende e il match scivola via rapido, con un parziale di dodici *games* a due.
Sara Errani, per la prima volta nella sua carriera, arriva alla seconda settimana di un torneo del Grande Slam. Ma non basta. È anche l'unica azzurra rimasta ancora in gara nel singolare. Tuttavia, i grandi riflettori della carta stampata e dei siti specializzati tardano ad accendersi sulla nostra. Dopotutto, non è più una ragazzina, sono quattro anni che è nelle prime cinquanta. Il sentire comune è che questo risultato sia soprattutto il frutto del caso e di un buon momento di forma.

Ma quando la romagnola irrompe nei quarti di finale, travolgendo con un secco 6-2 6-1 la cinese Zheng, specialista del veloce, semifinalista a Wimbledon e a Flushing Meadows, le cose iniziano a cambiare. Del resto, è solo la terza volta nella storia che una giocatrice italiana riesce ad arrivare nei quarti di finale all'Australian Open. La stampa fa notare come, prima di Sara, ce l'abbiano fatta solo Adriana Serra Zanetti nel 2002 e Francesca Schiavone l'anno precedente, il 2011.
La nostra fa il pieno di complimenti ed elogi, in particolare per la grande capacità di lettura tattica: si fa notare come i suoi colpi profondi e carichi di top spin, dal rimbalzo molto alto, abbiano mandato completamente in tilt il tennis piatto e lineare della Zheng, costretta ad allontanarsi dal campo e a percorrere chilometri e chilometri sotto un sole bruciante. Sara si guadagna anche l'onore del video per lo "Shot of the day", il colpo della giornata, sul sito ufficiale del torneo: un magnifico passante lungolinea di rovescio in recupero, a chiudere uno scambio mozzafiato, eseguito addirittura a una sola mano, in back, coniugando atletismo estremo e grande sensibilità di mano. Insomma, tutti le dicono brava.
Dal canto suo Sara, davanti ai giornalisti, con il consueto *understatement*, si limita a notare come per la prima volta in vita sua le abbiano assegnato la sala stampa principale.
Il primo quarto di finale Slam della carriera dell'azzurra è un match inedito: contro Petra Kvitova, potente ventiduenne mancina da Bílovec, Repubblica Ceca, campionessa di Wimbledon in carica e numero 2 del mondo, non ha mai giocato prima.
"Ci siamo allenate assieme un paio di volte. Io di certo la conosco e so come gioca lei. Ma non sono sicura che lei sappia come gioco io", sorride ironica l'azzurra, modesta come sempre.
In realtà la tensione si sente. È vero che la nostra non ha nulla da perdere, ma è anche vero che sta per disputare l'incontro fin qui più importante della sua carriera, in uno stadio storico come la Rod Laver Arena, davanti a 15.000 spettatori e con in palio la bellezza di 437.000 dollari australiani. Una cifra da capogiro per una come Sara, che una somma simile la incassa

Sara e Roberta posano scherzose per un selfie in un momento di relax.

in una stagione intera. L'inizio è traumatico. Petra Kvitova è l'ennesimo, splendido prodotto della migliore scuola tennistica del mondo: la scuola ceca. Tutti i giocatori cechi vantano una tecnica esecutiva purissima in tutti i fondamentali, un repertorio di colpi vario e completo, una grande adattabilità a tutte le superfici e a tutte le condizioni di gioco. In altre parole: i cechi, sul campo da tennis, sanno fare tutto, e lo fanno molto bene. Petra poi ha di suo uno strepitoso talento di colpitrice naturale. La ragazzona di Bílovec appartiene alla categoria dei predestinati della racchetta: quelli che eseguono i colpi in totale scioltezza, perfettamente rilassati, senza sforzo apparente e – inspiegabilmente – tirano bordate mostruose.
Come dicevamo, l'inizio è davvero scoraggiante. Pronti, via, 1 a 0 e 40 a 0 per Petra. Lì per lì si ha l'impressione che, anziché a un match, si debba assistere a un'esecuzione. Ma Sara non ha nessuna intenzione di fare la comparsa. Resta lì, si aggrappa al match come un naufrago al bordo della scialuppa di salvataggio, si tira su a forza di braccia e lentamente entra in partita. Nel primo set recupera da 2-5 a 4-5, prima di cedere la frazione. Nel secondo decide di uscire dal fortino assediato e inizia ad aggredire l'avversaria, alternando parabole alte e arrotate a improvvise palle corte. La ceca si irrigidisce, perde

fluidità e misura dei colpi. Nell'incredulità generale la romagnola si porta in vantaggio per 4 a 1. Contro la numero 2 del mondo, in un quarto di finale Slam. Un sogno.
Sara va al servizio sul 4-2 e si procura un'occasione per salire 5-2... Un punto importantissimo. L'azzurra mette la prima di servizio a uscire, da sinistra. Petra, mancina, risponde di diritto al centro, forte, ma non fortissimo. Sara è come al solito velocissima a uscire dal servizio e gioca un buon diritto incrociato, sul rovescio dell'avversaria. È un colpo profondo e pesante, carico di top spin. Petra non è mai troppo contenta quando deve giocare in corsa. Arriva sul rovescio con un briciolo di ritardo e gioca un altro colpo al centro. Forte, ma non troppo profondo. Sara si sposta per giocare il diritto a sventaglio, nel lato del campo rimasto indifeso. È da sempre uno dei suoi colpi più sicuri, per di più grandemente migliorato da quando impugna Excalibur. Arriva sulla palla e pensa: "Ecco, se la metto in campo la porto al terzo"... È un errore fatale. Tutti i giocatori professionisti conoscono fin troppo bene la regola d'oro: non si deve mai pensare al punteggio mentre si gioca lo scambio. I delicatissimi equilibri cerebrali che governano il gesto tecnico non ammettono perturbazioni. Se si pensa a qualcos'altro mentre si colpisce, il braccio s'irrigidisce, il movimento perde fluidità e sicurezza.
Il diritto parte, potente... Petra è ferma, rassegnata, a tre metri di distanza. Ma la palla atterra, di pochissimo, in corridoio...
Sara osserva con dolore il braccio del giudice di linea alzarsi lentamente, porsi parallelo al terreno, a indicare che la palla è fuori. Un crampo le prende lo stomaco. La grande occasione è stata mancata di un soffio. E tutto cambia: perché allora è la Kvitova, scampato il pericolo, che si libera dalla tensione e torna ad attuare il suo sistematico bombardamento, infilando cinque *games* consecutivi e prendendosi il match. È un 6-4 6-4 equilibrato, lottato, combattuto, ma sostanzialmente giusto. Ha vinto la più forte. Però Sara è restata in partita fino all'ultimo, ci ha provato fino alla fine ed esce dal campo fra i convinti applausi dei 15.000 della Rod Laver Arena, conquistati dalla tigna e dalla qualità di gioco di quella piccola, irriducibile italiana.

I commenti, il giorno dopo, sono quasi più ottimistici che dopo la vittoria in ottavi con la Zheng. Chi prende diligentemente nota dei progressi tecnici – "Questa ragazza ha un tocco di palla niente male…"; chi si spinge a predire alla romagnola un posto fra le prime venti; chi, addirittura, la vede tra le prime dieci. La stampa specializzata si è finalmente accorta che la biondina di Massa Lombarda non è una "pallettara senza talento", come qualcuno l'aveva frettolosamente definita anni prima.
Ma non è ancora finita. Nel torneo di doppio, assieme all'amica del cuore Roberta Vinci, la nostra si arrampica fino alla finale (prima volta nella storia per una coppia tutta italiana). Contro le russe Zvonareva e Kuznetsova le azzurre partono forte e si prendono il primo set per 7-5. Ma le avversarie non mollano. La Kuznetsova, in particolare, è ispiratissima, una belva, e gioca un vincente dopo l'altro. Dopo quasi due ore e mezza di lotta le ragazze italiane cedono con l'eloquente punteggio di 5-7 6-4 6-3. Pazienza.
È tempo di riprendere il volo per l'Europa. Nella borsa, una classifica di singolare che passa da 47 a 34, oltre 300.000 dollari di montepremi e tanta, tanta fiducia in più. Ma non solo.

In fondo alla sacca, accuratamente riposta nel fodero termico, dorme l'arma segreta, il mantra, il talismano. Excalibur. È felice perché più volte nelle interviste Sara l'ha citata, chiamandola per nome, dicendo chiaro e tondo a tutti che grazie a lei sta giocando come mai in vita sua.

Home sweet home

È sempre bello tornare a casa... dopo una vittoria o dopo una sconfitta cocente. Comunque vada, sai che la tua famiglia c'è sempre, pronta ad abbracciarti e a sostenerti...
È vero: visto il calendario le occasioni per tornare sono poche, ma quando lo faccio sono felice... mi coccolano e mi viziano... mi stanno vicini...
Mia mamma cucina tutti i miei piatti preferiti (dai tortellini alla panna ai passatelli in brodo alla grigliata di carne) – li chiamiamo. i nostri pranzi "in famiglia" –, il mio percorso prediletto letto-divano-letto-divano ripetuto almeno tre-quattro volte al giorno, la mia immancabile coperta di pile arancione che mi segue per tutta casa... ogni tanto ci vuole anche questo :) C'è bisogno di staccare la spina, c'è bisogno di relax, di non pensare, di liberare la mente... e di dormire!!! :) Ragazzi, a casa quanto dormo, più dormo e più dormirei...:))
Un saluto a nonna Maria che non si perde un mio match per nessun motivo, è d'obbligo; un saluto a parenti e amici... sono cose che magari per la maggior parte di voi possono essere normali e quotidiane, ma per me no...
Il tennis è uno sport meraviglioso, incredibile, divertente ma inevitabilmente hai tanto tempo in cui ti ritrovi sola... beh, in quei momenti sapere che in qualsiasi modo vadano le cose hai qualcuno che ti appoggia e ti appoggerà sempre e comunque, incondizionatamente, non è una cosa da poco, non è una cosa da sottovalutare... *Home sweet home*, casa dolce casa...

E dopo essermi mangiata di tutto per tre-quattro giorni riparto più carica che mai, cuffione nelle orecchie, musica ad alto volume... pronta per un altro volo, per un altro torneo, per un'altra battaglia...

Vi voglio bene...

OGNI MATTINA CORRO
PER DICIASSETTE MIGLIA.
LA GENTE MI CHIEDE COME FACCIO
A NON BATTERE I DENTI, D'INVERNO.
LI LASCIO NELL'ARMADIETTO...

WALT STACK 1988 (PRIMO SPOT NIKE)

TERRA DI CONQUISTA

Fra i tanti tratti distintivi del tennis, uno colpisce in modo particolare la fantasia degli appassionati e dei praticanti: l'eterogeneità delle superfici di gioco. Il tennis è forse l'unica disciplina sportiva in cui non esiste una sola superficie valida. Ve ne sono tante, a volte molto diverse tra loro, e influenzano in modo altrettanto diverso le dinamiche del gioco: la velocissima erba su cui il tennis è nato, il cemento all'aperto, le superfici sintetiche utilizzate al coperto e, *dulcis in fundo*, la terra battuta, la polvere di mattone tritato, la superficie di gran lunga più diffusa e apprezzata in Italia.
Per la nostra Sara la terra è l'habitat più adatto. Ne esalta le caratteristiche tecniche, fisiche, tattiche, mentali. Sulla terra il gioco della romagnola è sempre stato più competitivo che sulle altre superfici. Per questo dopo il clamoroso, e per molti versi inaspettato, exploit sul cemento di Melbourne Sara e Pablo non vedono l'ora di testare l'efficacia di Excalibur sul rosso, sul terreno preferito. Pablo non lo dice, anche per non creare nella sua pupilla attese eccessive, ma in cuor suo è convinto che con la nuova racchetta Sara possa fare grandi cose sulla terra battuta.

Prima di ripartire con i tornei, tuttavia, si deve rispondere al richiamo della bandiera. Ai primi di febbraio, a Biella, nel Laure-

tana Forum, un bellissimo palazzetto dove è stato opportunamente installato un campo in terra rossa, la nostra nazionale ospita l'Ucraina per il primo turno della Federation Cup, il campionato del mondo a squadre, la Coppa Davis in rosa.
Sara ha già una discreta esperienza in nazionale, dove ha fatto anche tanta panchina, all'ombra delle due storiche punte azzurre, Schiavone e Pennetta. Stavolta, però, capitan Barazzutti la schiera titolare, assieme a Francesca Schiavone. Flavia infatti è acciaccata, sente dolori alla schiena che si porta dietro fin dalla trasferta australiana. E dopo lo scintillante Australian Open non ci sono dubbi su chi sia la più in forma. Il primo match è una formalità: Sara conferma la sua forza mentale, non si fa prendere dall'emozione e fa polpette della numero 1 avversaria, Kateryna Bondarenko, con un eloquente 6-2 6-3. Peccato che il giorno dopo, con l'Italia avanti 2 a 1, sia costretta al ritiro, contro Lesia Tsurenko, per un improvviso dolore al ginocchio. La nostra esce dal campo con un diavolo per capello, ma non le resta che sedersi in tribuna e mettersi a tifare per Roberta Vinci e Flavia Pennetta, che nel doppio decisivo, fra mille tremori e tanta tensione, riescono a portare a casa il match.
Per l'azzurra il sentimento principale è quello del sollievo. Ora si può curare il dolore al ginocchio (che per fortuna si rivela meno grave del previsto, una lieve infiammazione) e si può partire per la tournée americana: Monterrey, Acapulco, Indian Wells, Key Biscaine. Un massacrante giro non stop Messico-California-Florida, che la terrà impegnata fino alla fine di marzo. Tre tornei sul veloce e uno, Acapulco, sulla terra battuta.

Sara è in viaggio sull'oceano, sul volo Delta che la sta portando in Messico. Armeggia con il suo tablet, sfoglia per la centesima volta l'album delle foto. Un esercizio terapeutico per chi fa la vita nomade dei tennisti, sempre lontani dalla famiglia e dagli affetti. Ecco un'immagine di Davide, suo fratello, che gioca a calcio con la maglia della Centese, campionato Promozione. La romagnola sorride, tutta rapita in ammirazione,

Con Corrado Barazzutti, capitano della squadra azzurra femminile dal 2002.

come quando aveva due anni e lo inseguiva per tutta la casa, con il pallone in mano, implorandolo di giocare con lei.
Davide Errani è un allegro biondino dai lineamenti dolci e dal sorriso luminoso. Di qualche anno più grande di Sara, ha buoni trascorsi sportivi prima nel tennis e poi soprattutto nel calcio, dove ha giocato nelle giovanili del Bologna e per anni in serie C. Con una laurea in economia aziendale, Davide unisce il senso degli affari proprio della famiglia a una simpatia contagiosa, spontanea e trascinante. Insomma, un perfetto uomo di pubbliche relazioni, marketing e management.
Nello staff dell'azzurra lui è l'angelo custode. Una presenza discreta, defilata, sempre dietro le quinte, ma assolutamente fondamentale.
Tra gli innumerevoli rischi che gravano sul percorso di carriera di un tennista professionista la figura del manager senza scrupoli resta la più perniciosa, e non è facile orientarsi. A Sara, con la consueta concretezza, affidarsi all'amato fratello maggiore era parsa la cosa più naturale del mondo. E così, nel novembre del 2011, poche settimane prima dell'incontro con Excalibur e dell'inizio di questa storia, Davide aveva iniziato a farle da agente.
L'esordio era stato travolgente: in poche settimane era riuscito a far avere alla sorella un buon accordo addirittura con la Nike.

Milano Marittima 1989,
San Diego 2011, New York 2012.
Con il fratello Davide,
presenza affettuosa e costante
nella vita di Sara.

Sara ripensa a quell'interminabile nottata di poche settimane prima, trascorsa nella spasmodica attesa dell'esito delle trattative. Lui era a Bologna a negoziare con Francesca Credico, la responsabile marketing per l'Italia della multinazionale americana, e lei era a Melbourne, proprio alla vigilia del suo ottavo di finale con la Zheng. Pablo era andato a letto da un pezzo invitandola, saggiamente, a fare altrettanto. Ma in quel momento a lei non importava nulla del pur necessario riposo. L'idolo d'infanzia di Sara era Andre Agassi, il carismatico campione americano: non si perdeva un suo match, ne imitava i gesti, aveva tappezzato di poster di Andre le pareti della sua cameretta. E sognava a occhi aperti di poter indossare, un giorno, i completini della casa americana che lo vestiva, con quel look insieme elegante e trasgressivo. Addirittura, quando vinse il suo primo torneo (aveva otto anni) la prima cosa che disse al padre, dopo aver ritirato la coppa, fu: "Papà, ma adesso che ho vinto me lo fanno il contratto con Nike?".
Ricorda la gioia immensa, dopo l'ennesima telefonata inter-

continentale al fratello: "Sì, Sara, abbiamo firmato, è fatta, abbiamo trovato l'accordo. Sei un'atleta Nike. Congratulazioni sorellina!".
A Melbourne erano le quattro del mattino, l'albergo era immerso nel silenzio e lei voleva urlare a pieni polmoni. Doveva dirlo a qualcuno, o sarebbe scoppiata. Era andata a svegliare Pablo nel cuore della notte, per raccontargli tutto, ormai incapace di dormire, sorda a tutti i richiami al buon senso dell'ormai scorato tecnico spagnolo. Per farla breve, non aveva chiuso occhio. Ma era tanto eccitata e gasata che il giorno dopo, come abbiamo visto, aveva giocato uno dei migliori match della sua carriera, dominando una specialista del cemento come la Zheng.

Per i tennisti italiani il torneo di Acapulco, che ospita nella stessa settimana sia una gara maschile sia una femminile, è una specie di Eldorado. Buon cibo, clima caldo, alberghi accoglienti, gente simpatica e ospitale, tanto divertimento. E la

cara, vecchia terra battuta. Non stupisce, perciò, che in semifinale arrivino i tre quarti della squadra azzurra di Fed Cup. La nostra Sara contro Roberta Vinci, e Flavia Pennetta, che affronta la rumena Begu. Le due semifinali sono a senso unico: Roberta come spesso le accade non riesce a rendere al meglio contro Sara, mentre Flavia travolge la malcapitata avversaria rumena.
Finale tutta italiana, Errani contro Pennetta.
La bella brindisina ad Acapulco è una vera e propria regina. Al torneo, al luogo, la legano tanti dolci ricordi. Ad Acapulco è iniziata la sua storia d'amore con Carlos Moyá, lo spagnolo bello e tenebroso. Ad Acapulco Flavia ha già vinto due titoli e giocato altre quattro finali. È la beniamina del pubblico, è in finale per il settimo anno di fila ed è ben decisa a mettersi in testa il tipico sombrero che spetta alla vincitrice, assieme alla coppa e all'assegno da 37.000 dollari.
Il match è sentitissimo. Le due ragazze sono ovviamente grandi amiche, ma anche rivali. Per Sara, Pennetta e Schiavone sono da sempre due modelli, due miti, due totem. Lei e Roberta, per anni, sono state le seconde linee, le riserve, sia in Fed Cup sia nelle gerarchie dei tifosi, dei giornalisti e degli appassionati.
Flavia e Francesca sono due campionesse, capaci di battere le più forti, di entrare nelle prime dieci e di vincere gli Slam. Loro, due buone giocatrici, solide professioniste, ottime doppiste, ma con limiti precisi. Lo confermano gli scontri diretti. Contro Sara Flavia ha vinto tre volte su quattro. Negli ultimi due match, a Palermo nel 2009 e a Marbella nel 2010, la brindisina ha inflitto alla romagnola due durissime punizioni, prendendola letteralmente a pallate, grazie al suo gioco solido e potente, basato su una pungente prima di servizio e su un rovescio bimane magnifico, rapido e preciso come un laser, devastante in lungolinea.
Sara entra in campo decisa, ma in cuor suo preoccupata. Il ricordo delle passate batoste è molto vivo. Fin dalle prime battute si capisce che sarà una partita molto lunga, equilibrata e combattuta. Scambi interminabili, estenuanti, in cui si vede un po'

Acapulco, febbraio 2012.
Durante la premiazione
con Flavia Pennetta
e con il sombrero
che viene consegnato
alla vincitrice del torneo.

di tutto. Accelerazioni, discese a rete, palle corte, lob, recuperi impossibili da una parte e dall'altra. Un tennis vario e spettacolare, ma anche molto dispendioso. Flavia si aggiudica il primo set per 7-5, dopo quasi un'ora a un ritmo intensissimo, massacrante. Sara è delusa, ma è determinata a non mollare. Sente che, rispetto alle ultime volte, il suo tennis è cresciuto. Sente che può tenere il livello della brindisina. A fine set chiama in campo il suo coach. Come sempre è Pablo a fornire la chiave giusta: "Sara, este partido se gana con la derecha. Tu derecha contra su derecha. Se puede ganar este partido, vamos!".
È la tattica corretta, poco da dire. Flavia con il diritto può an-

dare in crisi contro i top spin carichi e profondi, mentre dal lato del rovescio la sua potenza e il suo anticipo possono fare molto male. Il braccio di ferro ricomincia. Sara cerca di spingere più che può con il diritto incrociato, cerca di dare tanta rotazione, per far rimbalzare alta la palla, allontanare Flavia dal campo e costringerla a correre. La brindisina, però, tiene botta. Ad Acapulco, come sempre, ha buone sensazioni, sente bene la palla, è convinta di vincere e continua a picchiare, sforzandosi di non perdere troppo campo. Il match diventa una maratona crudele, entrambe stanno spendendo tantissime energie, nella calda notte messicana. È una lotta selvaggia, punto a punto. Il pubblico gradisce e partecipa con grande entusiasmo.
Il secondo set si decide al tie-break. La solita, dannata, snervante lotteria. Sai che nei prossimi otto-dieci minuti ti giochi tutto, che se sbagli ora tutta la fatica profusa nelle due ore precedenti non sarà servita a nulla. Ma Sara ha dalla sua una convinzione diversa. Sa che il suo diritto è diventato un'arma temibile. Trova il coraggio di partire di slancio, all'attacco, conquista i primi cinque punti e chiude il tie-break per 7 a 2, portando il match al terzo. Flavia accusa il colpo. È visibilmente provata. È una giocatrice resistente, ma dopo quei due set estenuanti sembra avere meno energie della romagnola, che vive un momento di grande brillantezza atletica e che quando il match si prolunga può sempre contare sulla consueta, sconfinata capacità di soffrire. Ora Sara è sicura di sé. Alza ancora il ritmo, accelera a più non posso e in poco più di mezz'ora si prende la partita, il torneo, la coppa, l'assegno e il sombrero.
Il giorno dopo la stampa parla di cambio della guardia ai vertici del nostro movimento femminile. Si fa notare come nella classifica WTA Race, quella che prende in considerazione solo i risultati ottenuti a partire dall'inizio dell'anno, Sara sia addirittura al sesto posto. E si torna a parlare di possibile ingresso nelle prime dieci. Qualcuno ipotizza persino la partecipazione al Master di fine anno.
Belle parole, giudizi positivi, complimenti, elogi. Un tonico per

l'autostima della biondina di Massa Lombarda, come sappiamo abituata a sentirsi una specie di Cenerentola.
La fiducia per un giocatore di tennis è come l'acqua per una pianta: se non credi con tutto il cuore in te stesso e in quello che stai facendo, non puoi competere. Se non hai fiducia gli altri giocatori se ne accorgono e sono subito pronti ad azzannarti. Sono da sempre, fin da bambini, abituati a competere. Hanno un istinto infallibile nel riconoscere la paura dell'avversario: "Ecco. Qui, su questo punto importante, mi ha messo in difficoltà, ma poi non ha avuto il coraggio di chiudere. Ha paura". Al contrario nulla è più scoraggiante, per un tennista, del rendersi conto di avere a che fare con un avversario che crede fermamente in se stesso. Che ti annulla la palla break con un vincente, che ha il coraggio di tentare un colpo difficile su un punto importante, che prende i rischi al momento giusto e che, quando la palla scotta, resta lì con la testa e non ti regala nulla.
La fiducia è come una corazza d'acciaio. Ti rende invulnerabile.
Con questo stato d'animo traboccante di ottimismo Sara riparte da Acapulco, contenta come una Pasqua e convinta, più che mai, di essere sulla strada giusta per dare una svolta alla sua carriera.
Il resto della primavera è un crescendo di successi. Sara e Pablo sbarcano in Europa: i prossimi tornei si chiamano Barcellona e Budapest, intervallati dalla semifinale di Fed Cup, in trasferta, contro la fortissima Repubblica Ceca. E se a Ostrava si gioca sul ghiaccio e le terrificanti mazzate di Petra Kvitova buttano l'Italia fuori dalla coppa, le cose cambiano clamorosamente nei due tornei WTA. Fra Barcellona e Budapest l'azzurra mette a segno una clamorosa doppietta, vincendo dieci match di fila, con l'entusiasmante bilancio di venti set vinti e uno perso.
La classifica inizia a farsi davvero importante: Sara Errani è la giocatrice numero 23 del mondo, ha vinto tre tornei in poche settimane ed è settima in classifica nella WTA Race, la corsa al Master di fine anno.

Aprile 2012. Sara dedica la vittoria di Barcellona alla memoria di Piermario Morosini, il calciatore scomparso in quella settimana.

Ma manca ancora qualcosa: la convinzione di potersela giocare alla pari anche con le prime della classe. Nei due grandi tornei che seguono, Madrid e Roma, arrivano due sconfitte in fotocopia. Nette, brutali, senza appello. Nella Caja Mágica, avveniristico impianto madrileno, la polacca Agnieszka Radwanska, numero 3 del mondo, un autentico prestigiatore in gonnella, una che con la racchetta in mano sa fare davvero tutto, le infligge un perentorio 6-0 6-1, interrompendo bruscamente la striscia record di sedici vittorie consecutive sulla terra battuta. Sara per la verità non voleva giocare, aveva la febbre e non si reggeva in piedi. Era entrata in campo solo perché l'aveva spinta Pablo.
"Sara, no siempre puedes jugar al 100%. Debes abituarte a jugar con lo que tienes, al máximo de tus posibilidades".
Pochi giorni dopo, a Roma, nello storico Stadio Pietrangeli, costellato di statue di marmo, la nostra viene travolta dalla potenza di Samantha Stosur, l'atletica australiana. E stavolta non ci sono alibi, come poteva essere la febbre a Madrid.
Nell'ambiente torna a diffondersi il solito ritornello: la ragazza

Una suggestiva immagine del nuovo Centrale del Foro Italico.

è migliorata, senza dubbio, ma la distanza dalle più forti resta elevata, certi limiti sono invalicabili, più di così non può fare, eccetera eccetera.

Sul Foro Italico scende la sera. Tutto solo, la schiena appoggiata al basamento di una statua del Pietrangeli, Pablo Lozano mastica amaro. In allenamento vede Sara giocare bene, molto bene, come mai prima. La vede esprimere un livello altissimo, alla pari con le migliori, e proprio non sa spiegarsi queste battute d'arresto. Non sa capacitarsi. Eppure era così in fiducia... Perché poi in certi match, contro quelle forti, non gioca?
Ripensa a due giorni prima, al colloquio che avevano avuto dopo la partita con l'australiana. Dopo ogni partita, poco prima della conferenza stampa, Sara e Pablo analizzano l'incontro appena concluso, ne ripercorrono lo svolgimento e i motivi tattici, cercando di individuare gli errori commessi e di trarne indicazioni utili per migliorare. Il dopo Stosur era stato burra-

scoso. Pablo si era arrabbiato parecchio. Per prima cosa, Sara non aveva perso a causa del servizio micidiale dell'avversaria, o per la debolezza della propria battuta. No. Aveva perso tantissimi punti giocati su scambi lunghi: l'australiana era riuscita a dominare anche nella manovra da fondo campo, il terreno preferito dell'azzurra. E questo, secondo Pablo, era avvenuto perché Sara, avendo davanti una *big player*, non aveva creduto, lei per prima, di poter davvero vincere. Era capitato già altre volte, e lo spagnolo se ne era sempre più convinto. Aveva usato parole forti e l'aveva esortata a credere maggiormente in se stessa, anche contro le prime della classe.

Mentre se ne sta lì, tutto solo a rimuginare, all'ombra della statua di marmo, la statistica gli viene in aiuto. Si ricorda che Sara non ha mai battuto, in tutta la sua carriera, una giocatrice classificata fra le prime dieci. Il tecnico spagnolo conosce la grande importanza, anche psicologica, che possono assumere i numeri in uno sport come il tennis. Sa che essi possono diventare, nella testa dei giocatori, dei simboli, dei feticci, degli autentici tabù.

Le Prime Dieci del Mondo. Quelle che hanno vinto un torneo del Grande Slam. Quelle che sono sempre in copertina, in prima pagina sui siti web, sui giornali, sulle riviste specializzate, nei promo delle Tv, nei cartelloni di tutti i tornei.

Le stelle.

Invulnerabili, inavvicinabili, imbattibili.

Pablo sente che nella testa di Sara un'avversaria che sta nelle prime dieci, o che è stata nelle prime dieci, o che ha vinto un torneo del Grande Slam, appare come una specie di aliena, di extraterrestre. Una contro cui non puoi fare nulla, perché al momento buono ti paralizza con il suo raggio spaziale, come nei film di fantascienza degli anni Cinquanta del secolo scorso.

Insomma: Sara è forte, si sente forte, ma non sa ancora quanto, non ha ancora capito quale sia veramente il suo livello. In questi match è sconfitta da un numero, da un nome, più che dall'avversaria. Se lui, Pablo, riesce a non farla pensare a quel numero, a quel nome, ma solo a quel che deve fare sul campo, è fatta.

Lo spagnolo si mette le mani in tasca e se ne va, lo sguardo rasserenato. Adesso sa quel che deve fare.
Nel frattempo, mentre si preparano le valigie per Parigi, sui forum, sui blog, sui social network, su quel tremendo Far West che è diventata la rete Internet, le critiche e i giudizi negativi si sprecano: "Quella lì? La Errani? Ma dai, è solo un bluff... ha vinto tre torneini da quattro soldi... appena incontra una giocatrice vera fa due *games*...".

Le valigie sono all'aeroporto di Fiumicino, su un carrello. Excalibur, chiusa nel profondo della sacca, si anima. Se ne sta proprio lì, incastrata fra un libro e due completini Nike. È vicina alla custodia del computer portatile... Lo schermo, obbedendo a una forza misteriosa, s'illumina. Excalibur legge, e freme di rabbia. Ci penserà lei, la Spada, a far ricredere le cassandre.

PERCHÉ I LIMITI, COME LE PAURE,
SPESSO SONO SOLTANTO
UN'ILLUSIONE.

MICHAEL JEFFREY JORDAN

IN DIRETTA SU RAI 2

Fine maggio. Il tempo a Parigi è nuvoloso, umido. Pioggerellina fine, insistente, fastidiosa. Il Bois de Boulogne, il grande parco cittadino dove sorge il mitico impianto dedicato all'aviatore Roland Garros, eroe della Prima guerra mondiale, mostra il suo volto più triste: intriso d'acqua, appiccicoso, molliccio.
"Proprio come il mio stomaco", pensa Sara, guardando il parco dalla finestra della sua camera d'albergo. È pervasa da una strana inquietudine, una strisciante insicurezza, un'indefinibile ansia. Non ha buoni ricordi qui al Roland Garros. Lei, la terraiola provetta, in quello che è considerato il campionato del mondo sul rosso ha un bilancio disastroso: una sola vittoria, ottenuta l'anno prima contro Christina McHale, semi esordiente ragazzina americana, e la bellezza di cinque sconfitte. In più, mentre negli anni precedenti non se la filava sostanzialmente nessuno, adesso con i buoni risultati ottenuti nei primi quattro mesi dell'anno è decisamente sotto i riflettori: Sara sa che stavolta la gente si aspetta molto da lei.
Con queste premesse, ecco che il match di primo turno diventa un piccolo dramma. Contro Casey Dellacqua, mancina australiana di chiare origini italiane, Sara gioca proprio male: poco aggressiva, attendista, rinunciataria, si fa sballottare per un set intero dal diritto a uncino dell'avversaria, prima di scuotersi, reagire e vincere al terzo. Di pura rabbia, più che per

qualità di gioco. Ma pochi, lei per prima, credono che si possa andare molto lontano nel torneo.
Dopo il match, terminata la solita routine (doccia, interviste, massaggi), Sara e Pablo si avviano verso la macchina della *transportation*. La faccia di Sara è più nera della terra di Mordor nel *Signore degli Anelli*.
"Uffa, qui a Parigi proprio non riesco a giocare... Non vedo l'ora che finisca, così almeno mi tolgo il pensiero, e non se ne parla più". Una vera e propria resa preventiva.
Pablo smette di camminare, si pianta sul posto e la guarda. Sara allora si ferma anche lei, e si gira. Si è già pentita di quello che ha detto. Lo spagnolo, come al solito, trova le parole giuste. Si avvicina, le mette una mano sulla spalla, la guarda dritta negli occhi e le parla con quel suo ritmo rapidissimo, incalzante, che trasuda convinzione ed entusiasmo.
"No mires troppo adelante, Sarita. Un partido alla volta. Un set alla volta. Un game alla volta. Un punto alla volta.
No pienses nada. Piensa solo como jugar el punto: a quello che vuoi far succedere sul campo. Tutto il resto non serve a nulla, non esiste, non c'è. È solo rumore di fondo".
Sara annuisce, come una bambina di terza elementare davanti al maestro. Non è troppo convinta, ma si sforza di sorridere.
Per fortuna l'avversaria di secondo turno è tutt'altro che uno spauracchio: l'americana Oudin, una ragazzina del vecchio Sud degli Stati Uniti, quello delle piantagioni di cotone e di *Via col vento*. Non a caso, di nome fa Melanie, come la cugina di Rossella O'Hara. Ex ragazzina prodigio in crisi di fiducia, mai a suo agio sulla terra, non si può davvero definire un impegno difficile. Sara ringrazia, chiude la pratica in due rapidi set e per la prima volta nella sua carriera accede al terzo turno di Parigi.

Le 10.50 del mattino di un'altra giornata uggiosa, grigia, piena di nuvole. All'interno dello stadio dedicato alla memoria della Divina Suzanne Lenglen, secondo campo per importanza dell'impianto parigino, due giocatrici si avviano verso l'uscita del tunnel che porta al campo da gioco. La prima è una bella ragazza mora, alta, il corpo snello strizzato in un elegante abitino a tubo, i lineamenti fini, gli ovali degli occhi allungati, che ne tradiscono le ascendenze asiatiche. Si chiama Ana Ivanovic. È serba, ha un diritto assassino e quattro anni prima ha vinto questo torneo, diventando la numero uno del mondo. La seconda è una biondina romagnola, ben piantata, cosce robuste, occhi celesti che non stanno fermi un attimo, vivacissimi e intelligenti. Ormai sappiamo bene di chi si tratta.

Sara e Pablo vivono di tattica. Amano la tattica, concepiscono il tennis come una partita a scacchi, in cui a una mossa corrisponde una contromossa. E ne parlano dalla mattina alla sera. Ma nella preparazione del match seguono un rituale ben preciso: la tattica di gioco contro l'avversaria di turno si concorda con un rapido briefing, tenuto solo mezz'ora prima della partita, tra il riscaldamento e l'entrata in campo. È un espediente seguito da molti allenatori. Si vuole evitare che la giocatrice passi troppo tempo a rimuginare, tra sé e sé, quel che deve fare e finisca per entrare in campo troppo tesa e contratta.
Purtroppo, nonostante questa precauzione, fermare la mente è impossibile e la nostra, dopo la vittoria nel secondo turno, è stata due giorni a lambiccarsi il cervello con pensieri velenosi: "Giocherò su un campo importante, davanti a tanta gente, contro la numero 14 del mondo. Non mi sento a mio agio, questo posto non mi piace. Io amo il sole, il caldo e invece qui sembra di stare a bagnomaria". O ancora: "Lei ha già vinto questo torneo, è alta e potente. Devo impedirle di tirare il diritto da ferma. Col diritto mi ammazza. Devo scambiare sul suo rovescio finché non ho l'opportunità di spostarmi io sul diritto, per allontanarla dal campo e farla correre. Ce la farò?".
Il dubbio, la domanda senza risposta, le attraversa lo stomaco come la lama di un coltello.
Inizia il match e Sara è paralizzata dalla tensione. Le gambe non si muovono, il braccio non va, i suoi colpi risultano corti, la serba ha tutto il tempo di piazzarsi e scaricare negli angoli

il suo diritto-cannone. Non c'è partita. Il primo set si chiude con un 6-1 senza storia.
Al cambio di campo Sara se ne sta lì, seduta sulla panchina, smarrita, amareggiata. Decide di andare in bagno. Pablo, seduto in tribuna, è deluso. Rivede lo stesso film della partita persa con la Stosur a Roma, pochi giorni prima. Vede la stessa Sara che si rassegna troppo rapidamente alla sconfitta, intimorita dal nome e dalla fama dell'avversaria.
Il tecnico spagnolo non ci sta. Deve assolutamente fare qualcosa. Deve compiere un gesto teatrale, far scoppiare una bomba. Deve dire qualcosa di importante, di fragoroso, di violento. Deve assolutamente interrompere il corso degli eventi, che paiono avviati a un finale già noto, già vissuto tante altre volte. Mentre Sara si incammina verso gli spogliatoi, passandogli davanti, Pablo di scatto si alza in piedi e le urla, davanti a tutti, una frase di violenza inaudita: "Sì, ecco, vai al bagno. Ma restaci. Non tornare!".
Non era mai stato così duro, da quando era iniziato il loro rapporto. Lì, in quel momento, lo spagnolo doveva a tutti i costi sbloccare la sua pupilla, per fare in modo che ella riuscisse a esprimere in pieno il suo valore anche contro le più forti, anche sui campi più importanti del tennis mondiale.
Tre minuti dopo Sara esce dallo spogliatoio e si dirige verso la panchina. Cammina a testa bassa, senza nemmeno avere il coraggio di guardare il suo allenatore. L'azzurra sa che Pablo ha ragione. Sta commettendo lo stesso errore di Roma.
Ora una rabbia sorda la pervade, la domina, e lentamente si sostituisce alla tensione. È furibonda con se stessa. Là, tra le mani, si accorge di avere Excalibur. La guarda, affascinata, come per un'improvvisa intuizione. La afferra forte, stringe spasmodicamente, finché le nocche delle dita diventano bianche. È una sorta di patto. Dammi forza, maledetto aggeggio, aiutami a vincere la paura e io mi prenderò cura di te, non ti lascerò mai più. Un lungo, profondo sospiro. Adesso non è più sola. Rialza la testa. Torna in campo fissando la serba con un impertinente sguardo di sfida, decisa a mettercela tutta, vada come vada.

La tennista in una conferenza stampa post-partita durante il torneo parigino.

La partita cambia. Si entra in lotta, c'è equilibrio. Sara si è finalmente sciolta. Adesso riesce a spingere come si deve, il suo diritto martella il rovescio della serba, la ricaccia indietro, lontano dalla riga di fondo, dove non può far male. 7-5 Errani e si va al terzo.
Il pubblico francese si entusiasma, equamente diviso fra la pin up e la lottatrice. Ma ormai la romagnola è lanciata, e non molla la presa, fino al 6-3 finale. È una grande vittoria, è il lasciapassare per la seconda settimana. E soprattutto, nella testa di Sara, è la vera svolta, nel difficile rapporto fra lei e il Roland Garros.
Da lì in poi è un'apoteosi. Succede come quando si lavora a un puzzle: per settimane ci si trova sperduti, confusi, si prova, si

riprova, ma non si capisce nulla. E poi, all'improvviso, miracolosamente, come per l'agire di una forza misteriosa, ecco che tutti i pezzi vanno a posto, quasi simultaneamente.
La testa, la tecnica, il fisico, la tattica. Ma, soprattutto, la convinzione nei propri mezzi.
Nei giorni successivi Sara gioca il miglior tennis della sua vita, in un indimenticabile crescendo. Vederla all'opera, in quelle strepitose giornate parigine, è uno spettacolo assoluto: con i piedi sembra volare. In difesa, più che mai, arriva dappertutto, leggera, vede il gioco con anticipo, capisce prima dove arriverà la palla. Sembra erigere di fronte alle sue avversarie un autentico muro biondo.

Con il rovescio tiene la diagonale in maniera ferrea, non perde un centimetro di campo. Con il diritto gioca sempre profondo, veloce, scaglia missili avvelenati da un top spin esasperato. Il suo diritto sbatte le avversarie tre metri dietro il campo, le apre gli angoli, le consente di tirare il vincente a colpo sicuro, oppure di azionare, improvvisa e letale, la sua micidiale smorzata, che lascia ferma l'avversaria e scatena, immancabile, automatico, l'applauso del pubblico, come una *claque* a teatro.
Appena può si presenta a rete, dove le sue insospettabili qualità nel gioco al volo, affinate dall'assidua frequentazione del doppio, le consentono soluzioni difficili e spettacolari, precluse alla gran parte delle altre giocatrici, quasi tutte poco a loro agio nella volée.
Il pubblico francese inizia a conoscerla, ad apprezzarla, ad amarla: gli spettatori si danno di gomito, ne commentano i col-

pi, ne apprezzano la grinta, la solidità difensiva, ma anche la fantasia, il tocco, la capacità di disegnare sul campo geometrie razionali e schemi sempre perfetti.

Con queste luccicanti armi a disposizione Sara rifila un netto 6-0 7-5 a Svetlana Kuznetsova, anche lei già campionessa di Parigi (appena tre anni prima) e vola ai quarti; infligge un perentorio 6-3 7-6 ad Angelique Kerber, numero 10 del mondo, che diventa così la prima Top Ten battuta dall'azzurra, e supera dopo un'esaltante battaglia Samantha Stosur, numero 6 del mondo, che a Parigi è stata capace di battere persino Serena Williams.

Ivanovic, Kuznetsova, Kerber, Stosur: Top Ten o ex Top Ten, vincitrici di Slam, tenniste fortissime. Tutte e quattro messe fuori causa dalla qualità di gioco dell'azzurra.

È finale. A Parigi, nel campionato del mondo sulla terra battuta. Dopo aver messo a segno l'ultimo punto della semifinale, sull'immenso campo centrale di Parigi, dedicato alla memoria di Philippe Chartrier, uno dei più grandi dirigenti sportivi di tutti i tempi, Sara si sdraia a terra, si abbandona all'abbraccio caldo e rassicurante della polvere di mattone. È solo un attimo fugace, prima di correre a stringere la mano all'avversaria e all'arbitro di sedia, per poi raccogliere l'ovazione del pubblico, al centro del campo, con il completino Nike rosa tutto stropicciato, imbrattato di rosso ardesia.

Quell'attimo è forse il momento più bello della vita di Sara, che solo in quell'istante realizza, prende finalmente coscienza di essere entrata nel club più esclusivo, nel Recinto Sacro, nel Cerchio Magico. Quel club che fino a tre anni prima, fino alla strepitosa impresa di Flavia Pennetta, intrepida esploratrice, capace di varcare le Colonne d'Ercole nella dorata estate nel 2009, sembrava precluso alle giocatrici italiane.

Quell'obiettivo che costituisce il sogno più grande, per tutte le ragazzine che prendono in mano una racchetta, sui campi da tennis di tutto il mondo, da un lato all'altro del pianeta.

Arrivare fra le Prime Dieci Giocatrici del Mondo.

E ora, i numeri dicono che la romagnola, nella classifica della

settimana successiva, sarà proprio nella posizione numero 10. È tutto vero: Sara Errani è una Top Ten! Terza italiana nella storia, dopo Francesca Schiavone e Flavia Pennetta. Emulate le sue amiche, i suoi punti di riferimento, i suoi idoli.
In quel breve, interminabile attimo, la schiena appoggiata sulla calda terra battuta, nel boato dei 15.000 del centrale di Parigi, Sara rivive in un rapidissimo flash tutte le fatiche, le sofferenze, le delusioni, le sconfitte, le lacrime, le critiche, i giudizi pesanti, le stroncature di pubblico, critica, addetti ai lavori, tecnici, allenatori. Gli innumerevoli "è piccola, tira piano, non sa servire, non ha talento, ma dove vuole andare?" che si è sentita buttare in faccia tante volte, fin da quando aveva dodici anni.
Rivede le infinite giornate passate ad allenarsi, ore e ore a provare e riprovare, tennis e poi atletica e poi al pomeriggio tennis e poi ancora atletica, fino a non poterne più, fino a che il corpo pare ribellarsi, nauseato, indolenzito ovunque, e ti suggerisce di scappare, di andare una buona volta a divertirti, infilarti in una discoteca, a bere alcolici e a mangiare schifezze, e solo una determinazione ferrea, un'ambizione feroce, una disciplina teutonica, figlie di una passione sconfinata, riescono ad allontanare i demoni, le tentazioni, le cicale, e a riportarti lì, una sera dopo l'altra, nella tua cameretta disadorna, a 1500 chilometri da casa, non più tardi delle dieci, con la malinconica compagnia di un libro, per recuperare la fatica, ritemprare il corpo ed essere in grado, il giorno successivo, di ricominciare da capo.
Ma tutto questo il pubblico festante sul Philippe Chartrier non lo sa, lo ignora, non lo immagina neppure. Vede soltanto, davanti a sé, il risultato di tutto quel lavoro, una festante biondina in un completino fucsia.
Il pubblico vede affiorare dalla terra solo l'apice di una smisurata piramide, costruita con sacrificio, sudore, lacrime e sofferenza, che resta nascosta nel sottosuolo.

Nell'elegante studio dell'emittente televisiva Eurosport, che trasmette non stop il torneo, Mats Wilander e Lara Croft, ex giocatori e stimati giornalisti, commentano con toni entusiastici l'inatteso exploit di Sara. Nel consueto, seguitissimo format post partita *Game Set and Mats* il campione svedese esprime grande apprezzamento per il movimento italiano al femminile: "Sono un gruppo di giocatrici forti. Fra loro sono amiche, si aiutano e si sostengono a vicenda. E poi tutte giocano un bel tennis, molto vario e completo, adattissimo alla terra battuta. Hanno tocco, sanno quando è il momento di accelera-

re e quando si deve rallentare. Sanno giocare molto bene a rete e offrono uno splendido spettacolo. Così, dopo Francesca Schiavone, per il terzo anno consecutivo avremo un'italiana in finale".

Sophie Dorgan, firma del prestigioso quotidiano sportivo francese "L'Équipe", così commenta la vittoria dell'azzurra sulla Stosur: "Un capolavoro di intelligenza. Il fosforo contro la forza bruta. Il risultato della piccola italiana è un messaggio importante, un grande esempio per tutti i ragazzini che si avvicinano a questo sport".

Ma non è finita. In Italia sono tutti impazziti per Sara. Alla Rai si decide che la finale di un torneo del Grande Slam con una giocatrice italiana in campo va classificato come evento d'interesse nazionale, di quelli per cui scatta l'obbligo della diretta televisiva. L'ultimo atto, Sara Errani contro la tigre siberiana, al secolo Maria Sharapova, numero 2 delle classifiche mondiali, verrà trasmesso in diretta e non relegato su un canale satellitare, per il solito pubblico di nicchia, ma su una rete generalista: Rai 2.

Per il tennis italiano è una bellissima notizia. Uno spot promozionale fantastico, che dà grande visibilità a tutto il movimento. Nel nostro povero Paese calciocentrico, quando un gioca-

Una carrellata di espressioni di Sara durante le due settimane del torneo parigino: un susseguirsi di emozioni che la porteranno a misurarsi in finale con Maria Sharapova.

tore italiano arriva a far muovere la Rai, riesce a far tornare il tennis in chiaro, su un canale importante, alla portata della casalinga quarantenne come del bambino di dieci anni, vuol dire che ha compiuto davvero una grande impresa e che merita l'incondizionata riconoscenza di tutti coloro che amano questo sport.
E poco importa che la finale sia una partita a senso unico. Poco importa che la fortissima, glaciale, spietata siberiana, un metro e ottantotto centimetri di tecnica, grinta e potenza, si accanisca con la consueta, lucida, implacabile cattiveria sul debole servizio dell'azzurra. Poco importa che il match termini in poco più di un'ora, con un rapido 6-3 6-2.
Quel che conta sono i quasi due milioni di persone che dall'Italia hanno visto la partita in televisione, tra cui più di qualcuno, incuriosito, il giorno dopo sarà andato a comperare una racchetta. Perché il tennis è un demone subdolo, una malattia insidiosa e tenace, come la malaria. Una volta che sei stato punto, non te ne liberi più.
Sara dal canto suo non sembra avere alcuna intenzione di farsi travolgere dall'improvviso successo. Dopo la dedica lan-

La campagna Nike, pensata su misura per Sara dopo l'incredibile risultato di Parigi 2012.

ciata a mamma e papà, per una volta presenti in tribuna, nella cerimonia di premiazione a fine match, visibilmente emozionata, durante il discorsetto di prammatica, quel "Volevo dire che questo premio è vostro, perché mi avete fatto essere la persona che sono, ed è merito vostro se sono qua oggi!" pronunciato in un italiano chiaro e squillante, cui è seguito uno scrosciante applauso, la nostra viene assediata dai giornalisti, ma non perde l'abituale compostezza.
A chi le chiede cosa cambierà nella sua vita dopo questo eccezionale exploit, Sara risponde, serafica: "Io spero che non cambi proprio nulla. Per quanto mi riguarda, io non ho intenzione di cambiare nulla. Continuerò a fidarmi delle stesse persone che mi hanno seguito fino a ora, perché sono sicura che vogliono il mio bene".
Pablo se ne sta lì, in disparte, le mani in tasca, appoggiato alla parete della sala stampa. È un tipo freddo. Ma a sentire quelle parole gli scappa una lacrimuccia furtiva.

E non è il solo. Anche Excalibur, là sotto, dentro il borsone, rinchiusa nel fodero termico, invisibile a tutti, piange silenziosamente. Di gioia.

Candy Crush Breakfast

C'è chi alla mattina preferisce il cappuccino e una bella brioche, c'è chi preferisce uova e bacon con un bicchiere di succo d'arancia e un caffè fumante... ma volete mettere svegliarsi e passare il livello 437 di *Candy Crush*???:)
È successo anche questo ragazzi, e più e più volte... appena sveglia, prima di leggere le mail, prima di lavarmi i denti, prima di scendere dal letto bisogna passare questo dannato livello... pure Robi ogni tanto non si capacita...ma è così...:)
Non so dirvi come è cominciato questo amore appassionato per il giochino delle caramelle, ma so che ormai mi fa compagnia da quasi due anni. Lo scoprii per caso facendo un giro sui giochini dell'App Store e ora posso orgogliosamente dire di aver contagiato anche tutta la mia famiglia, mamma soprattutto :)
Sin da piccolissima ho sempre avuto la passione per i giochi di "logica", diciamo così: ho cominciato coi puzzle per poi continuare con la dama e con *Tetris*... e forse queste caramelle racchiudono in qualche modo le caratteristiche di tutti i passatempi con cui sono cresciuta...
A dire la verità dopo quasi un anno di livelli ed esplosioni gommose c'è stato un momento (poco prima del Roland Garros 2013) in cui giocavo molto meno... avevo tanti punti da difendere, la pressione era molto forte, per cui ero molto concentrata sul tennis. Poi però – forse ve lo ricordate – è successo che un giorno Serena Williams mi scrive un tweet dicendomi: "Ehi girl, so che anche tu sei malata di *Candy Crush*, a che livello sei? :)". Beh non potete capire... cioè, oltre che a battermi

sul campo da tennis mi vuoi battere anche al giochino dove sono campionessa mondiale?? :))) Da quel momento ho ricominciato più forte di prima – dovevo assolutamente dimostrare alla mitica Serena di essere più forte di lei... :) (ovviamente si scherza).

Volete sapere com'è andata a finire??? Beh... ho terminato i livelli sull'iPad ma, essendomi lo stesso iPad caduto e perso per sempre, ho dovuto ricominciare da capo :)
Finito di nuovo :)
Queen of Candies...

LA VITA NON È
SOPRAVVIVERE NELLA TEMPESTA,
LA VITA È IMPARARE
A DANZARE SOTTO LA PIOGGIA.

KHALIL GIBRAN

THE MANHATTAN CICHIS SHOW

"Sara, Roberta, andate a prepararvi. Tocca a voi".
Palazzo dello Sport di Orléans, Francia, 8 febbraio 2009. La squadra italiana di Fed Cup, guidata da Flavia Pennetta e Francesca Schiavone, ha appena regalato un grosso dispiacere ai *supporters* transalpini. Le azzurre hanno dominato la sentitissima sfida, nonostante il fattore campo, esacerbato dal solito clima da corrida messo su dagli immancabili discendenti di monsieur Chauvin, e si sono imposte in tutti e quattro i singolari. La nostra Sara ha appena sconfitto, a punteggio già acquisito, una delusissima Amélie Mauresmo, ex numero 1 del mondo. Ma ci vuole altro per incrinare il grande rapporto di amore fra il pubblico francese e il tennis: nonostante la batosta, le tribune sono ancora gremite, non se n'è andato nessuno: sono ancora tutti là a gridare "Allez la France!". Nello spogliatoio azzurro, fra la comprensibile euforia, arriva la notizia che l'organizzazione intende accontentare il pubblico e far disputare anche il quinto match, quello di doppio. Corrado Barazzutti non ha dubbi. Tocca alle due riserve, Sara e Roberta.
Le ragazze si schierano in campo. Di fronte, hanno due buone giocatrici, classici prodotti della scuola francese, inesauribile fucina di talenti: Nathalie Dechy e Séverine Beltrame.
"Da che lato vuoi giocare?" fa la tarantina.

"Boh? Per me è uguale, scegli tu", replica Sara.
"Benissimo, allora io rispondo da destra. Ah, aspetta: guarda che io nei miei turni di battuta faccio servizio e volée...". Un rapido cenno d'intesa e si comincia. Le nostre,

Le Cichis hanno iniziato a giocare insieme in doppio in Fed Cup nel febbraio 2009. A destra, con l'allenatore di Roberta Francesco Cinà.

complice l'atmosfera adrenalinica all'interno della squadra, trovano subito una certa chimica e si aggiudicano l'incontro in due comodi set.
È appena nata, in un palazzetto francese, la coppia di doppio più forte e vincente della storia del tennis italiano. Nata grazie alla sconfinata passione della gente di Orléans, la città di Giovanna d'Arco, che ha preteso a tutti i costi di assistere a un altro match. Insomma, il frutto dell'amore.

Lì per lì tuttavia tra le due azzurre non scatta la scintilla fatale dell'attrazione. Per tutta la stagione le nostre giocano assieme solo in nazionale, e solo in incontri a punteggio acquisito, peraltro superando coppie di buon livello, come le russe Pavljuchenkova e Petrova, o le americane Huber e King. Finché, esattamente un anno dopo, ai primi di febbraio del 2010, sul volo che le sta riportando in Italia, reduci da una tribolata trasferta a Kharkiv, in Ucraina, ecco che Sara prende Roberta

da parte. C'è una cosa che le frulla per la testa, da un po' di tempo, e non riesce più a tenersela dentro: "Senti Roby. Volevo dirti che mi sono trovata molto bene con te in queste partite che abbiamo giocato assieme in Fed Cup. Io e te abbiamo una classifica simile, facciamo spesso gli stessi tornei... Adesso per esempio andiamo tutte e due ad Acapulco, e poi a Monterrey... Che ne diresti di provare a fare coppia fissa nel Tour? Secondo me possiamo fare bene. Ti va?".
Roberta la guarda, stupita. È una donna dal carattere complicato, la Vinci. Con un cuore grande così, ma molto diffidente. Negli ultimi mesi, dopo essersi a lungo "annusate", lei e Sara si sono avvicinate, e fra loro è sorta una certa complicità. Ma è ancora troppo poco per Roberta, donna dalle passioni forti, viscerali. Una di quelle che o tutto o niente, o ti ama alla follia o ti odia alla morte. La risposta è una sorta di prova di iniziazione: "Ma dai Sara, ma tu sei una pallettara... ma posso mai fare il doppio con una pallettara?". Lo sguardo della romagnola

sembra perdere la consueta luminosità, ma è solo un attimo. Roberta scoppia in una risata fragorosa: "Ok, ok, scherzavo, non ti incazzare. Va bene, dai, possiamo provare. Poi ne parliamo meglio con i nostri allenatori".

Francesco Cinà è un bel tipo di palermitano sulla quarantina. Baffi, pizzetto, lineamenti fini, fisico atletico, modi vagamente aristocratici, te lo immagini con la divisa da moschettiere del re, ai tempi del cardinale Richelieu. Ex buon seconda categoria, Francesco è da tempo il coach di Roberta Vinci ed è il principale artefice del recupero ad alti livelli della tarantina che qualche anno prima, dopo una serie infinita di infortuni, stava addirittura meditando il ritiro. Il siciliano è una di quelle persone che quando le senti parlare ti infondono un senso di pace, di armonia, di tranquillità. Esattamente quello che ci vuole per Roberta, talento di razza ma perennemente agitata, instabile, umorale. In più Francesco ha un grandissimo senso dell'umorismo, è bravissimo a sdrammatizzare le situazioni. Quanto Pablo è serioso, professionale, scrupoloso, tanto Francesco è imprevedibile, estroso, fantasioso. Insieme, formano un tandem formidabile.
Ed eccoli tutti e quattro, in quel 9 febbraio 2010, seduti al tavolo di un bar, all'aeroporto di Fiumicino, in partenza per la tournée americana: Sara, Pablo, Roberta, Francesco. Nessuno di loro in quel momento immagina quanto tempo trascorreranno assieme negli anni successivi.
Francesco sogghigna, beffardo: "Dunque voi due nanerottole vorreste giocare il doppio assieme... Uhm... E dove volete andare? Se vi fanno un pallonetto che fate, salite una sopra l'altra?"... In un attimo Sara e Roberta dimostrano di saper fare squadra: la prima, fulminea, vuota un bicchiere d'acqua nel fumante piatto di pasta al pesto ordinato da Francesco, mentre la seconda gli tira una mollica di pane, mirando agli occhi. Pablo, dal canto suo, osserva la scena, ridacchiando: "Bueno. El equipo se está formando muy rápido!".
Risata generale. Guai se non ci fossero momenti così, nel Tour.

Il grande affiatamento
di Roberta e Sara
va ben oltre il tennis:
eccole in alcuni
momenti di svago
al di fuori
del campo di gioco.

Tutti, tecnici e giocatori, sanno quant'è importante scherzare, sdrammatizzare le situazioni, alleggerire la pressione, non prendersi troppo sul serio, in una disciplina in cui la tensione può diventare un mostro, una piovra dai mille tentacoli che ti prende alla gola, un onnivoro gigante pronto a sbranarti l'anima. Ci sarà tempo, sul volo per le Americhe, per iniziare a impostare il funzionamento della coppia.

Il doppio è una specialità affascinante, con una particolarità che lo rende unico: è una disciplina di squadra in uno sport individuale. L'affiatamento fra i due partner è fondamentale,

al punto da risultare a volte più importante della qualità tecnica. Due doppisti affiatati, ben amalgamati, possono avere la meglio su avversari magari molto più forti, ma non abituati a giocare assieme.
Flavia Pennetta nella sua autobiografia ha definito Roberta Vinci "un elfo con la racchetta". Flavia ha ragione: se un elfo giocasse a tennis, lo farebbe come Roberta. La tarantina possiede uno stile di gioco assolutamente unico, nell'attuale circuito professionistico. Uno stile basato sulla tecnica classica, quella che si insegnava quarant'anni fa, ai tempi delle racchette di legno. Roberta sembra una giocatrice del passato che per un qualche cortocircuito spazio-temporale si trova a disputare i tornei di oggi. Per alcuni il suo gioco è irrimediabilmente obsoleto, tremendamente démodé, come una vecchia

New York, settembre 2012.
Il campo centrale
di Flushing Meadows
attende l'arrivo delle Cichis
per una nuova sfida.

Trabant arrugginita in mezzo a una fila di Smart nuove fiammanti. Per altri invece assistere a un match di Roberta Vinci è come andare a una mostra dadaista e trovarsi davanti, all'improvviso, una Madonna di Caravaggio. Forse la verità sta nel mezzo. La pugliese è un'atipica tennista *vintage*, una fantastica MG decappottabile degli anni Cinquanta: se la affianchi ai più recenti modelli di Porsche e Ferrari non sfigura per nulla, anzi spicca per la sua unicità ed eleganza.

È difficile immaginare due tenniste più diverse di Sara e Roberta quando iniziano a fare coppia in modo stabile nel circuito. A prima vista hanno in comune solo la statura, poco sopra il metro e sessanta. Per il resto sono come il giorno e la notte. Sara passa per una tenace ribattitrice, solidissima in difesa, tutta gambe, cuore e concentrazione. Tenuta mentale, grinta e continuità di rendimento. Roberta invece incanta gli esteti, cerca la rete, il tocco di classe, il colpo vincente, le soluzioni a effetto, da produrre attraverso un gioco tanto affascinante quanto delicato, che la porta fatalmente a prestazioni altale-

nanti, con grandi exploit seguiti da momenti bui. Diversissimo anche il bagaglio tecnico: Sara usa un top spin esasperato, Roby predilige colpi piatti e rotazioni in slice; Sara usa il servizio in modo difensivo, Roby, grazie a una tecnica di esecuzione meravigliosamente fluida, cerca sempre il punto diretto con la prima palla; Sara gioca il rovescio bimane, Roby lo esegue a una mano; e così via.
Al punto che quando viene annunciata la loro intenzione di fare coppia nel circuito, in tanti, non solo fra i tifosi, ma anche fra gli addetti ai lavori, storcono la bocca: "Sì, ok, la Vinci è forte, ma quella pallettara della Errani che c'entra con il doppio?". O ancora: "Errani doppista? E dove vuole andare, con quel servizio?". Insomma, la solita storia.
Ma il campo dice altro. Il campo, si sa, rifugge i luoghi comuni. Quel che accade in campo raramente riflette le previsioni degli sportivi da poltrona, di quelli che sparano sentenze a colpi di tastiera, comodamente nascosti dietro un nickname. Quel che accade in campo è solo il frutto del lavoro, della passione, del coraggio, del talento. Quando si parla di doppio, poi, intervengono anche altri fattori: l'affiatamento, la stima reciproca, la simpatia, l'amicizia.
Già, l'amicizia.
La solitudine è uno dei nemici più pericolosi del tennista professionista. Giri per i tornei, da una città all'altra, ai quattro angoli del globo, tra alberghi e aeroporti, dormi ogni settimana in un letto diverso, con un clima diverso, un cibo diverso, una lingua diversa, tra persone diverse, con usanze diverse. E sai che, alla fine della fiera, sei solo. Che non puoi fidarti di nessuno, che non hai nessuno, salvo il tuo coach, a cui puoi confessare le tue ansie, le tue insicurezze, i tuoi segreti, i tuoi sogni. Perché sai che gli altri, quegli altri con il borsone uguale al tuo, che siedono a pochi metri da te, sul divano della hall, sulla panca dello spogliatoio, sulla tribunetta del circolo, prima o poi te li ritroverai contro, laggiù nell'arena, dall'altra parte della rete. E saranno i tuoi più mortali nemici. Saranno disposti a tutto pur di batterti e ben felici di usare contro di te tutto quel-

lo che sanno: del tuo gioco, del tuo carattere, del tuo modo di pensare. Anche se a dirglielo sei stato proprio tu, quella sera dopo cena, in uno squallido alberghetto sudamericano, quando la nostalgia di casa e degli affetti ti aveva scavato un gran vuoto nello stomaco, che non sapevi come riempire.
Per questo, molti sono convinti che non ci può essere vera amicizia fra tennisti professionisti, ma solo una feroce rivalità, appena rivestita da una sottile vernice di educazione e di correttezza esteriore.
"Ognuno sta solo,
sul campo da tennis,
trafitto da un senso di angoscia.
Ed è subito sera".
Se Salvatore Quasimodo fosse stato un appassionato del nostro sport forse non avrebbe vinto il premio Nobel per la letteratura, ma avrebbe scritto qualcosa del genere.
In un ambiente così particolare e difficile la vicenda del doppio Errani-Vinci, della loro inossidabile amicizia, ben presto estesa ai due rispettivi coach, Pablo e Francesco, e alle loro famiglie, è qualcosa di davvero inaspettato, raro e prezioso, come un luccicante topazio in una miniera di carbone.
Torneo dopo torneo, una settimana dopo l'altra, un mese dopo l'altro, Sara, Roberta, Pablo e Francesco entrano in una sorta di simbiosi dell'anima. Sono sempre assieme. A cena, al circolo, ai campi di allenamento, in palestra. Si confidano, si affezionano, si raccontano le loro vite. Si confortano nei momenti di difficoltà, si appoggiano l'un l'altro. Iniziano e sentirsi un team, un'unica entità indistinta, una cosa sola. Si scambiano consigli, metodologie di allenamento, idee di gioco, opportunità di miglioramento. E proprio la diversità d'impostazione tecnica fra Sara e Roberta offre quotidiani spunti su cui lavorare. Ovviamente in allegria.
"Avanti braccio di ghisa, prova a giocare un rovescio tagliato come si deve". È uno dei tormentoni delle loro sedute di allenamento, con la Vinci che cerca di spingere Sara a migliorare il rovescio in back, una variazione che può essere molto utile al suo gioco.

Più tardi, in palestra, nella quotidiana seduta di preparazione fisica, è il turno di Sara, più forte sul piano atletico, di sfottere l'amica: "Forza mollacciona, vediamo se riesci a sembrare una moviola anche oggi o se ti decidi a muovere quei piedi". E giù risate.
Ne scaturisce un lungo processo di maturazione, a tutti i livelli. Tecnico, atletico, tattico, mentale. Un processo che è alla base dei risultati ottenuti dalle due ragazze, non solo in doppio, ma anche in singolare. Sara grazie all'esempio di Roberta inizia a completare il suo gioco, prende sempre più confidenza con le variazioni di ritmo e di effetto, con la palla corta (un colpo che lei ha sempre sentito, e che nei primi anni della sua carriera usava troppo poco), con il gioco al volo.
Roberta grazie all'esempio di Sara inizia a curare di più la preparazione atletica: diventa più rapida, più resistente, più efficace in difesa e anche più forte, più esplosiva, più potente.
Tutte e due, per il solo fatto di essere amiche, di avere una confidente, un appoggio, un aiuto, un gruppo di persone che le supportano, diventano più sicure di loro stesse, più solide in campo, più "toste" quando il punto scotta e il braccio trema. E si vincono le partite. Eccome, se si vincono.
Quando Sara a Parigi sale sul palco per la premiazione, a fianco di Maria Sharapova, ha già messo le mani assieme a Roberta su un mare di trofei, fra cui quelli, prestigiosissimi e recenti, degli Internazionali d'Italia e, proprio il giorno prima, del Roland Garros.
Sara e Roberta sono diventate la prima coppia tutta italiana a vincere un torneo del Grande Slam; dopo Parigi sono rispettivamente la numero 3 e numero 4 della classifica WTA di doppio: praticamente, la seconda coppia del mondo.
Niente male per una pallettara senza servizio.

Da qualche tempo il sodalizio fra le due ragazze ha anche un soprannome "ufficiale": le telecamere di SuperTennis, il canale monotematico della Federazione italiana, durante il torneo di Roma, mentre le azzurre firmano autografi, scoprono che le nostre fra loro si chiamano con il vezzeggiativo "Cichi" (dallo spagnolo "piccoletta"). "Dai Cichi! Andiamo Cichi". Come sempre succede in questi casi, il video, sul web, diventa subito virale. Basta un attimo e ovunque, sui media, sui blog, sui giornali, Sara e Roberta diventano per tutti "le Cichis".

La definitiva consacrazione del duo azzurro arriva alla fine dell'estate, nel quarto e ultimo torneo del Grande Slam di quella dorata stagione 2012: l'Open degli Stati Uniti. Nel gigantesco impianto di Flushing Meadows le Cichis fanno meraviglie. Negli ottavi di finale Sara si sbarazza con sorprendente facilità della tedesca Kerber, rifilando un 7-6 6-3 alla numero 6 del mondo; Roberta dal canto suo gioca una delle migliori partite della sua carriera e impartisce un'autentica lezione di tennis nientemeno che ad Agnieszka Radwanska, la fortissima polacca dalla classe immensa e dalla strepitosa abilità tattica. Roberta la umilia con una serie di *serve & volley* che fanno strabuzzare gli occhi al pubblico americano. Tra i giornalisti c'è chi arriva a scrivere che era dai tempi di Martina Navratilova che non si vedeva una volée di rovescio di tale qualità.
Per la prima volta nella storia del tennis italiano due azzurre, soprannominate Cichis, si sfidano nei quarti di finale di un torneo dello Slam. E poco importa che la partita, come spesso accade nei derby, sia una deludente esibizione piena di tensione, che si scioglie solo nel bellissimo abbraccio finale; perché in ogni caso, da quel match brutto e nervoso, scaturisce un altro primato.
Sara, più fredda e più abituata della sua amica a controllare le emozioni, è la prima italiana a centrare la semifinale nell'Open degli Stati Uniti dai tempi di Maud Levi Rosenbaum, una ragazza di Chicago che aveva sposato un nostro diplomatico, tale Giorgio Di Giacomo Levi. Correva l'anno 1930 e l'America era in ginocchio per la Grande Depressione, innescata l'anno prima dal celebre crack di Wall Street. Un'epoca troppo remota per azzardare confronti e paragoni.
Ma non è finita qui. Le nostre avanzano come un rullo com-

CiChi

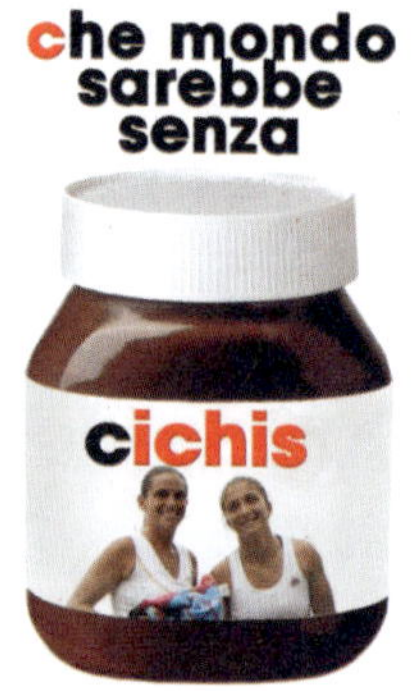
che mondo
sarebbe
senza
cichis

pressore anche nel tabellone di doppio, dominando il torneo e aggiudicandosi semifinale e finale con punteggi incredibilmente netti: 6-3 6-2 alle spagnole Llagostera Vives - Martínez Sánchez e 6-4 6-2 alle ceche Hlavackova-Hradecka.
Ulteriore record: Sara e Roberta sono la prima coppia tutta italiana a vincere l'Open degli Stati Uniti.
In quelle giornate newyorkesi le Cichis sono una gioia per gli occhi. Si muovono sul campo con una sincronia assoluta, come due pezzi di un perfetto ingranaggio, paiono legate da un filo invisibile: sempre alla stessa distanza, sempre la scelta giusta, sempre nella migliore posizione possibile per coprire tutto il campo.
Uno spettacolo.
Il grande giornalista americano Peter Bodo così descrive la magia delle Cichis: "Gli italiani sono famosi nel mondo per parlare con le mani. Sara e Roberta sanno farlo in modo magnifico su un campo da tennis".

L'unica nota triste in questo scenario da fiaba è lei, Excalibur. Che proprio non riesce a capacitarsi di come, nonostante i mille tentativi fatti, quella maleducata della Head Youtek Pro, la racchetta di Roberta Vinci, si ostini a respingere tutti i suoi approcci, le sue incalzanti profferte di amicizia. E in tutti questi mesi non le abbia mai rivolto la parola. Misteri dell'animo femminile.

"Petto-dito-mano", il balletto di Sara e Roberta che è diventato un must dopo la vittoria in doppio agli US Open.

SOME PEOPLE FEEL THE RAIN,
OTHERS JUST GET WET...

BOB MARLEY

MAESTRA SARA

Si fa presto a dire: "La mia vita non cambia". Puoi esserne fermamente convinta, avere tutti i migliori propositi di questo mondo, ripeterti ogni minuto che devi stare attenta a chi frequenti e a quel che dici. Ma poi, in concreto, ti accorgi che non è possibile. Se vai in finale in un torneo dello Slam, se milioni di persone ti vedono giocare in Tv, se arrivi tra le prime dieci giocatrici del mondo, se sei la numero 1 in doppio, la tua vita non può non cambiare. Perché adesso sei un personaggio pubblico, sei entrata a far parte delle cosiddette celebrità e devi obbedire alle feroci regole dello "star system". Regole dure che, se violate, possono portare a conseguenze imprevedibili. E dolorose.
Ma Sara queste cose non le sa. Forse non ci ha mai pensato. È una solare ragazza di venticinque anni, una giocatrice di tennis, che tre giorni prima ha coronato il sogno della sua vita: ha raggiunto la finale al Roland Garros ed è entrata fra le Prime Dieci. Ora è a Valencia e durante un servizio fotografico per lo sponsor Nike ecco che arriva un'inviata di "Vanity Fair", apprezzata rivista femminile, che vuole intervistarla. Sara è rilassata. Il mondo le sorride e le pare un'ottima cosa che un periodico non specializzato s'interessi a lei. "Ottimo per la diffusione del tennis" pensa la nostra.
Si apparta con la giornalista, felice, euforica e risponde alle domande.

Non sapremo mai esattamente cosa si sono dette Sara e l'inviata. Ma proviamo ora a metterci nei panni della cronista di "Vanity Fair".
Sì, certo, Sara pochi giorni prima ha ottenuto un grande risultato sportivo. Però questo alle lettrici del suo giornale interessa poco o punto. Le lettrici vogliono sapere altro e questa qua non è manco fidanzata... le piacciono persino i bravi ragazzi. Come si fa per attirare l'attenzione su questa intervista e fare in modo che qualcuno la legga, in questo accidente di Paese malato di calcio?
Il giorno dopo l'edizione web di "Vanity Fair" riporta alcune dichiarazioni di Sara, che vengono immediatamente riprese da tutti i siti specializzati e persino da qualche giornale. A destare scalpore, e un mare di polemiche, sono due affermazioni, secondo cui l'azzurra avrebbe definito Federer "un fighetto" e avrebbe manifestato la sua antipatia per il modo di fare di un popolare calciatore all'epoca in forza alla squadra dell'Inter, Mario Balotelli, esprimendo apprezzamento, invece, per Matri della Juventus. Squadra che, come il Milan, "le è simpatica".
Succede il finimondo.
Perché, parliamoci chiaro: se quelle cose le dice uno sconosciuto, come sostanzialmente era Sara fino a poche ore prima, non ci fa caso nessuno. Se invece le dici tu, che nel giro di ventiquattro ore sei diventata un personaggio pubblico, quel che dici diventa una notizia da prima pagina. E si scoperchia un autentico vaso di Pandora.
Per mesi e mesi dopo quell'intervista sui profili Facebook e Twitter di Sara si combattono estenuanti battaglie all'ultimo sangue, furibondi duelli a colpi di tastiera. Da una parte tifosi di Federer, offesi per il presunto affronto (in realtà Sara voleva semplicemente rimarcare che alcuni giovani giocatori italiani, prendendo a modello Roger, pensano di poter vincere senza sudare troppo), che ne dicono di tutti i colori alla romagnola; dall'altra gli

> Passione, impegno, sacrificio e la determinazione a non mollare mai: i presupposti dei risultati di Sara.

aficionados di Nadal, che invece la difendono a spada tratta. Nello stesso tempo, e nello stesso luogo virtuale, si consuma una seconda faida, fra indignatissimi tifosi interisti da un lato e *supporters* juventini e milanisti dall'altro.
A nulla o quasi, povera Sara, servono le successive smentite e le precisazioni sul significato reale di quelle dichiarazioni. Ormai, nel sentire comune, per tutti la nostra è diventata "l'anti-Federer" e "l'anti-Inter". A ogni sconfitta ricomincia puntuale il coro di insulti, prontamente rintuzzato, peraltro, dai fan della nostra... E via così, per mesi e mesi. Uno sfinimento.
Ci sarebbe da sorridere, in fondo. Una giocatrice arriva in finale al Roland Garros e per fare il titolo a una sua intervista, pochi giorni dopo, non si trova di meglio che sparare un "Sara Errani: Balotelli non mi piaci!"?
Purtroppo funziona così, ed è amaro riconoscerlo. In un Paese di limitata cultura sportiva come il nostro, in cui il tennis è una disciplina di nicchia, l'unico modo per interessare i lettori alle vicende di una tennista, se questa non è una modella, rimane quello di pubblicare qualche dichiarazione pepata. Al resto poi ci pensano loro, i guerrieri da tastiera, quelli che brandiscono un mouse come fosse un'alabarda.
Per Sara tutto questo bailamme mediatico è l'ennesimo test da superare. Quando è in campo per fortuna dimentica tutto: la passione per il tennis e per il suo lavoro è talmente forte da assorbire al cento per cento la sua mente. Ma per qualche tempo la nostra perde il sorriso. Nei momenti di pausa se ne sta spesso lì a rimuginare. Ogni tanto la vedi davanti al computer portatile, mentre dà un'occhiata furtiva a qualche commento particolarmente velenoso. Pablo inizia a preoccuparsi. Finché un giorno, a Valencia, seduta a un tavolino del bar dell'accademia, la nostra prende la sua decisione: fa spallucce, emette un profondo sospiro, richiude il portatile e si alza. "Sai che ti dico Pablo? Se c'è così tanta gente che si prende la briga di venirmi a insultare, vuol dire che sto facendo davvero qualcosa di importante. Dai, andiamo a provare un po' di servizi, ti va?". Si carica il borsone sulle spalle e si avvia a passi rapidi verso

il campo di allenamento. Pablo prende un cesto di palle e la segue, in silenzio, le labbra increspate da un lieve sorriso. Sì, pensiamo ad allenare il servizio.

Nel circuito professionistico l'evento conclusivo della stagione è il WTA Tour Championships, meglio noto come Master's, Torneo dei Maestri. Un evento esclusivo, dalla formula particolare. Sono chiamate a parteciparvi le otto giocatrici che nell'annata appena conclusa hanno ottenuto i migliori risultati. Per dirla in modo sbrigativo: al Master ci vanno le otto migliori giocatrici del mondo. A differenza dei tornei del Grande Slam non si gioca in una sede fissa, ma si cambia dimora ogni tre-quattro anni, al variare delle condizioni di mercato e delle prospettive del marketing tennistico.
L'evento conclusivo della stagione 2012 si disputa in un luogo meraviglioso: Istanbul, la magnifica porta dell'Oriente, da sempre crocevia di popoli, culture, religioni, carovane, commerci, idee.
Sara però non riesce a godersi i monumenti della millenaria città. Niente Santa Sofia, niente ponte sul Bosforo, niente Topkapi. Albergo e palazzo dello sport, palazzo dello sport e albergo. Il tempo è tiranno e non permette distrazioni, anche perché la posta in gioco, in termini di punti, montepremi e prestigio, è davvero cospicua.
Come sempre prima di un esordio è preoccupata. Intanto per la cerimonia del sorteggio, con annessa cena di gala. Tutte le ragazze vengono vestite, acconciate e accuratamente truccate. Per una sera sono trasformate in vamp, esprimono il meglio della loro femminilità, per la grande gioia dei giornalisti e dei fotografi e a maggior gloria degli sponsor.
Ma la nostra, cui hanno appena detto che dovrà portare un tacco vertiginoso, addirittura 12, è letteralmente terrorizzata: "Tacco 12? Ma siete impazziti? E chi ci sa camminare? Se mi rompo una caviglia?".
Ma non c'è stato nulla da fare. Sono le regole del marketing, bellezza.

Sara, fasciata in un bellissimo abito da sera viola, lungo, classico, se ne resta lì, a oscillare pericolosamente su quei trampoli, a posare per un numero infinito di foto, finché la serata, se Dio vuole, arriva al suo epilogo.

Dopo essersi finalmente tolta quelle infernali calzature, l'azzurra si è rifugiata nella lussuosa camera d'albergo. Sdraiata sul letto, resta a fissare il soffitto.

Il gala è passato senza danni, ma il senso d'inquietudine non la abbandona.

Ripensa alle ultime, frenetiche settimane.

Dopo le trionfali giornate americane era stata definitivamente accolta nel ristretto club delle più forti giocatrici del mondo. Con la semifinale ottenuta a Flushing Meadows si era arrampicata fino al numero 7 della classifica mondiale. Ma non c'è

Ottobre 2012.
Abbandonata la "divisa da lavoro", una Sara elegantissima posa durante la cerimonia di presentazione del Master di Istanbul.

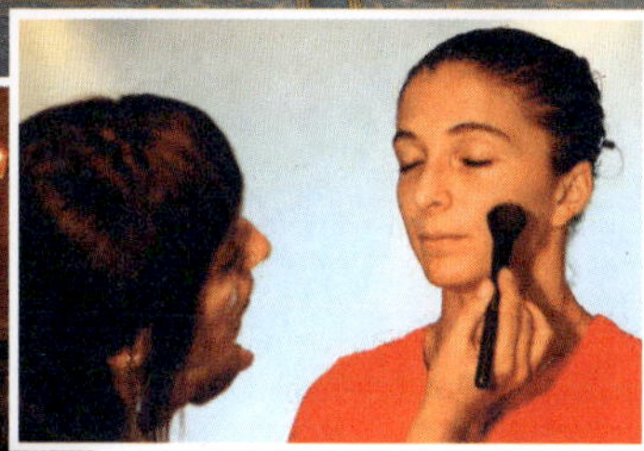

sosta, nel circuito. Appena qualche giorno di riposo ed era ripartita di nuovo per la tournée asiatica, ben decisa a guadagnarsi la qualificazione matematica per il Master.
La trasferta in Estremo Oriente, tuttavia, non le aveva portato fortuna: a Tokyo, su un campo dal fondo molto veloce, che non la aiutava, era stata sconfitta nei quarti dalla potenza di Nadia Petrova, che aveva il dente avvelenato dopo le ultime batoste. La settimana dopo, a Pechino, torneo molto importante, le era toccata al primo turno un'altra giocatrice italiana. Una ragazzina di vent'anni, viso e fisico da lolita, due piedi rapidissimi, anticipo micidiale e potenza spaventosa. Si chiama Camila Giorgi, è stata tirata su dal padre Sergio, un oriundo argentino, con allenamenti molto duri e una disciplina ferrea. Tipino da prendere con le molle.
Un match duro, equilibrato.
Sara, sdraiata sul letto, ripensa per la millesima volta a quel momento, sul finire del primo set. Rivede lo scatto verso destra, per giocare un diritto in corsa, e le sembra di percepire di nuovo la fitta. Improvvisa, assassina come un colpo di pugnale,

proprio in mezzo al muscolo posteriore della coscia destra. *Medical time out*, trattamento, manipolazione. Ma lei aveva capito subito che era tutto inutile, che si trattava di uno stiramento bello e buono, che doveva fermarsi, prima di farsi male sul serio. Era uscita dal campo con un grande groppo alla gola, dopo una frettolosa stretta di mano ad arbitro e avversaria.
Rivive il pianto dirotto, disperato, nello spogliatoio: "Pablo, ma non è possibile! Proprio adesso? Tra venti giorni c'è il Master... Come faccio? E poi, ora, non posso nemmeno andare al torneo di Mosca, e rischio di essere superata e restare fuori... Se non recupero, non posso nemmeno giocare il doppio... E ci va di mezzo anche Roberta".
Era stato un piccolo dramma. Per ogni tennista partecipare al Master è un altro dei sogni che si fanno da bambino. Per un giocatore italiano, poi, arrivare al Master è un po' come, per un alpinista, scalare la parete nord dell'Eiger. Lo dice la storia. In quarant'anni ci sono riusciti in pochissimi: Adriano Panatta e Corrado Barazzutti fra gli uomini, nella notte dei tempi; Silvia Farina (ma quando la formula era diversa e partecipavano le migliori sedici, non le prime otto) e Francesca Schiavone, due anni prima.
Le sembra di risentire le parole di Pablo. Freddo, calmo, lucido, ma al tempo stesso rassicurante: "Calma Sara. No hay un buen momento o uno malo para una lesión. No podemos hacer nada. Hemos hecho todo bien: stretching, entrenamiento, todo. Nunca tienes que reprocharte! Ahora volveremos a Valencia, tranquilos, pensando encomo recuperar".
Era iniziata una drammatica corsa contro il tempo. Una settimana di riposo, antinfiammatori, fisioterapia, laser. A rasserenarle un po' l'animo, qualche giorno dopo, la certezza della qualificazione, anche senza giocare: il vantaggio accumulato nelle settimane precedenti non poteva più essere colmato dalle sue avversarie. La notizia le aveva restituito il solito buonumore e aveva ricominciato ad allenarsi, con cautela.
Ed eccola qui a Istanbul, sdraiata sul letto. Sa che il giorno dopo, sul campo, nel magnifico scenario della Sinar Erdem

Dome, davanti a 16.000 spettatori, la aspetta Maria Sharapova. Sara non ha paura. Ma la domanda che le bombarda il cervello, mentre cerca di addormentarsi, è sempre la stessa, ossessiva.
Reggerà la gamba?

La gamba ha retto, ma la Sharapova è troppo forte. La partita è stata combattuta, più che a Parigi, ma è finita con lo stesso punteggio di qualche mese prima: 6-3 6-2.
Sara però è sollevata. Ha capito che la gamba sta bene, in campo ha dato tutto, ha spinto al massimo e adesso è fiduciosa per il match successivo del girone, contro Sam Stosur. L'ultima

La passione sfegatata per i berretti e il suo inseparabile cerchietto.

volta che si sono incontrate è stato nella fantastica semifinale del Roland Garros. E la romagnola sente di avere un piccolo vantaggio psicologico sulla sua avversaria. Tra l'altro si è resa conto che il campo la può aiutare: non è particolarmente veloce e la palla rimbalza alta. Quello che ci vuole per rendere efficace il suo top spin.
25 ottobre 2012. Una giornata storica. Sara Errani è la prima giocatrice italiana a vincere un match al Master che non sia a punteggio acquisito (due anni prima la Schiavone aveva battuto la russa Dementieva, ma entrambe erano già eliminate). Le sensazioni dell'azzurra erano corrette: l'australiana, dopo due set in altalena, esce letteralmente dal campo all'inizio del terzo, che la nostra si aggiudica con un trionfale 6-0.
Contro Agnieszka Radwanska, numero 4 del mondo, è in palio la semifinale.
Fra tutte le *top players*, Agnieszka spicca per la sua unicità. Non è alta come la Sharapova, non è potente come Serena Williams. Le sue armi sono altre: un tempo sulla palla strepitoso, un anticipo fantastico, una sensibilità di mano incredibile, un repertorio tecnico di scintillante completezza, un'intelligenza tattica sopraffina, che la porta sempre a scegliere, infallibilmente, nel suo amplissimo arsenale, la soluzione più giusta. E poi è veloce, è resistente, ha una grande tenuta mentale, sbaglia poco. Non per niente è la numero 4 del mondo.
Sara però è determinatissima, sa di avere *chances*. Con "Aga la Maga", come viene definita la polacca per la sua capacità di inventare colpi a effetto al limite dell'irreale, non rischi di essere investita da una grandinata di pallate, come quando affronti Serena Williams. Con Aga puoi giocare, puoi scambiare, puoi provare a imbastire una manovra e una tattica.
"Sara, coraggio! La pista es muy lenta. Spingi! Todo lo que puedas. Con la derecha! Y más importante: cada vez, que puedas, va' a rete!".
Raramente, nel preparare un match, Pablo è stato tanto perentorio e deciso.
Inizia così una delle più belle partite della storia recente del

tennis femminile. Qualcosa di totalmente diverso dalle consuete esibizioni a base di artiglieria pesante, fatte di scambi di sola potenza, ripetitivi e alla lunga monotoni.
Né Aga né Sara hanno il cannone ma in compenso adoperano il fioretto come poche. Nulla è lasciato al caso. Dietro ogni scambio c'è un'idea di gioco, uno schema preciso, una geometria da disegnare. Ogni punto è diverso dall'altro: tocchi sopraffini, recuperi impossibili, palle corte al curaro, acrobatiche volée, millimetrici pallonetti. Il pubblico si spella letteralmente le mani.
C'è tantissimo equilibrio. Ogni game è una sarabanda infernale, una lotta spasmodica.
Sara si aggiudica al tie-break un primo set estenuante, dopo un'ora e quindici minuti di tennis intensissimo, dove entrambe hanno speso tesori di energie, fisiche e mentali. L'azzurra prende coraggio, passa a condurre per 2 a 0 e l'inerzia sembra tutta dalla sua parte. Ma Agnieszka non molla e riagguanta la nostra sul 4 pari. Le due ragazze giocano un game memorabile, fatto di soli vincenti. Un game lunghissimo, durato ben diciotto punti. Lo vince Sara, e lo vince attaccando, buttandosi a rete, come le aveva raccomandato Pablo. 5-4 Errani, e la storia sembra a un passo. Ma non è così. Quando tutto pare perduto Agnieszka dimostra ancora una volta la sua classe e la sua incredibile intelligenza tennistica. La polacca, dopo più di due ore passate soprattutto a difendersi, sull'orlo del baratro trova la forza per andare al contrattacco e decide di anticipare Sara, di andare lei a rete prima che ci vada l'azzurra. La nostra è sorpresa. Non se lo aspettava. La polacca vince dodici punti di fila. 7-5 Radwanska, si va al terzo, dopo due ore e quaranta minuti di gioco.
È una botta tremenda. Agnieszka passa a condurre, va avanti 3-0 nel terzo, ma l'azzurra trova, chi sa dove, la forza di reagire ancora, sorreggendosi ormai solo con l'orgoglio. Rimonta da 2-5 a 4-5, e sembra poter rimettere ancora tutto in discussione. Ma è l'ultimo guizzo. Il coraggio non basta quando il fisico è totalmente esausto, quando il serbatoio della benzina segna

rosso fisso da un mucchio di tempo, quando hai fatto già un miracolo a esserci, dentro quel palazzetto, recuperando a tempo di record da un infortunio insidioso. Sara è come un maratoneta che ha corso in testa per tutta la gara e che al quarantesimo chilometro, ormai prossimo al traguardo, alla gloria a lungo agognata, sente le gambe sempre più pesanti, si volta continuamente indietro e scorge con terrore gli avversari, che parevano staccati e vinti, avvicinarsi inesorabilmente.
Agnieszka mette a segno l'ultimo vincente di un match strepitoso e si guadagna la semifinale, con il pubblico impazzito. I *supporters* turchi hanno avuto la fortuna di assistere a tre ore e trenta minuti di tennis fantastico.
E Sara ha dimostrato al mondo di essere una degna Maestra.

La stagione è finita. Semisdraiata su un divano, all'aeroporto internazionale Atatürk, in attesa dell'aereo che la riporterà a casa, agli affetti, alle sospirate vacanze, Sara ripensa all'incredibile annata che ha vissuto. Dieci mesi prima, a Auckland, era una tennista come tante, la numero 45 della classifica mondiale. Adesso è la numero 6, ha fatto quarti all'Australian Open, finale a Parigi e semifinale all'Open degli Stati Uniti. Ha vinto quattro tornei in singolare e nove in doppio con l'amica Roberta (tra cui due Slam, Parigi e Flushing Meadows). Ha guadagnato due milioni e mezzo di dollari di soli premi. Ha vinto il premio WTA come miglior giocatrice emergente ("Most improved player of the year") e, assieme a Roberta, quello come miglior coppia di doppio del mondo per l'anno 2012.
L'aereo decolla. Sara, stremata, con gli occhi chiusi, si lascia cullare dal rombo dei motori, in un dolce dormiveglia. Ha l'impressione di essere trasportata in un mondo sconosciuto, inesplorato, fantastico. Un mondo molto piacevole. Il mondo che ha sempre sognato.

Nella stiva, fra i bagagli, anche Excalibur è stanca, dopo un anno di duelli all'ultimo sangue. Ma anche lei è felice. Durante il gala ufficiale, mentre Sara era occupatissima a salvare le

sue caviglie dalle scarpe col tacco 12, è riuscita a sgattaiolare fuori dall'albergo ed è andata al Topkapi, il palazzo del Sultano. È restata più di un'ora, nel silenzio della notte, nell'Armeria reale, in mezzo a una fantastica collezione di armi bianche: scimitarre, sciabole, daghe, fra le più belle del mondo. Era tanto che voleva andarci, a trovare le sue amiche.
Perché, sebbene abbia il corpo di grafite, sia priva di lama e mostri uno strano intreccio di corde sintetiche sulla faccia, Excalibur è pur sempre una di loro. Una Spada.

Ogni momento di pausa durante i lunghi viaggi di trasferimento va sfruttato per recuperare energie preziose.

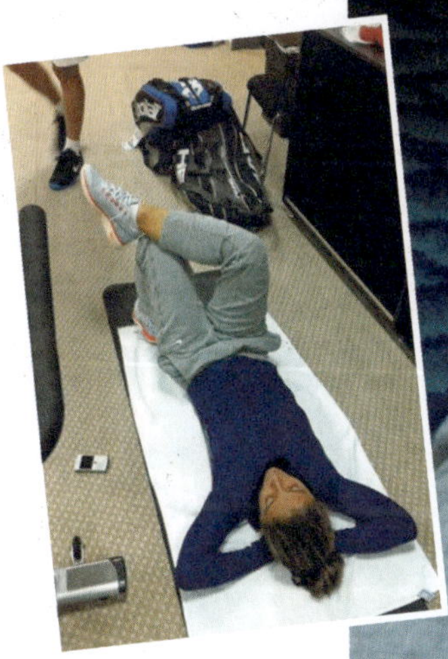

A tutti voi

Appena ho deciso di scrivere questi box all'interno del bellissimo racconto di Roberto mi è sembrato naturale, doveroso e giusto spenderne uno per ringraziare tutte le persone che mi sostengono, che mi stanno vicino, che mi aiutano e mi danno forza...
In questi ultimi anni soprattutto ho visto con gioia quante persone si sono avvicinate a me e al tennis: questo non può farmi che piacere e rendermi orgogliosa...
La prima menzione d'obbligo è per il mio Super Fan Club, una banda di sette/otto ragazzi scatenati che non mi fanno mai mancare il loro appoggio (e fanno anche bellissimi regali :)))). È stato molto bello incontrarli a Cagliari durante la finale di Fed Cup. Abbiamo fatto foto e ho firmato il loro mitico striscione... è stato bellissimo... grazie di esserci...
Come dimenticare il mitico Lorenzo che ha deciso di tatuarsi il mio autografo e una racchetta da tennis sul braccio? Sei un pazzo ma grandissimo :))
Voglio ringraziare anche tutti i fan stranieri che giornalmente intasano la mail di mio fratello... scrivete davvero da tutto il mondo (Polonia, Filippine, Stati Uniti, Malesia, Nuova Zelanda solo per citarne alcuni) e sono contenta di sapere di essere apprezzata anche fuori dalle mura tricolori...
Ho avuto poi la fortuna, soprattutto negli ultimi mesi, di vedere che tanti personaggi famosi e di altri sport seguono il tennis e si sono appassionati alle mie vicende...
dalla mitica e romagnolissima Laura Pausini, incontrata

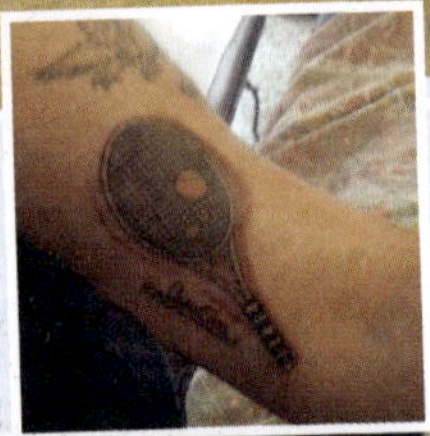

da Fabio Fazio (PS: grazie per i biglietti del concerto ;))), all'episodio di Sydney due anni fa, quando Del Piero è venuto a sostenermi (è stato splendido), e poi Totti, Gattuso, Maldini, Cassano solo per citarne alcuni. Valentina Marchei, Margherita Granbassi che sono venute l'anno scorso a Roma a fare il tifo per me, il grande Nicola Savino incontrato a Milano, Alessandro Cattelan... sicuramente me ne sto dimenticando qualcuno... ma ripeto mi sembrava giusto comunque dedicare qualche riga a tutti voi...
Insomma.... GRAZIE!!

I GUERRIERI NON SONO COLORO
CHE NON PROVANO PAURA,
MA COLORO CHE,
PUR PROVANDOLA,
SI CIMENTANO IN NUOVE AVVENTURE.

ANONIMO

LA PRESSIONE E IL CARATTERE

"Sarita, todo bien con el vuelo?".
"Bah, così. Ho dormito tutto il tempo, Pablo".
"Mejor, no?".
"Insomma... Ho fatto un sogno così strano...".
I nostri sono in una lussuosa *lounge* del gigantesco Dubai International Airport, direzione Australia. Si ricomincia da capo: la stagione 2013 è alle porte.
"Que sueño Sarita?".
"Ecco, ti dico. Sono lì che cammino, tranquilla, e a un tratto mi trovo davanti un muro altissimo. Mi viene voglia di vedere che c'è dall'altra parte, e cerco di arrampicarmi. Ci sono delle fessure dove posso infilare mani e piedi e comincio a salire. Faccio una fatica bestia, ma mi sento bene. Dopo un sacco di tempo arrivo finalmente in cima al muro e sono stanca ma felicissima. Mi alzo in piedi e davanti a me c'è un panorama bellissimo, spettacolare, una cosa che non avevo mai visto. Una luce soffusa, dorata, come quando vedi l'alba. Si sente una musica dolcissima e io sono euforica".
"Bueno!".
"Mica tanto. Adesso viene la parte brutta. All'improvviso sulla cima del muro inizia a soffiare un vento fortissimo, freddissimo. Mi sento tutta gelata e ho paura di cadere di sotto. Mi accorgo che ci sono tantissime altre persone che stanno scalan-

SYDNEY

do il muro e per tirarsi su mi afferrano per le caviglie, vogliono farmi precipitare. Uno spavento assurdo. Mi difendo, li prendo a calci, ma è impossibile. Sono troppi. Ne respingo uno e ne arrivano altri cinque. E sento sempre più freddo, non riesco più a stare in piedi. Una sofferenza".
"Y después?".
"Mi sono talmente impaurita che ho iniziato a scendere, piano piano. Scendo, scendo, e finalmente tocco terra coi piedi. Un gran sollievo. Ma poi, tutto a un tratto, ho avvertito come un gran vuoto, un rimpianto. La sensazione di aver perso qualcosa di unico, preziosissimo e irripetibile. E mi faceva malissimo il pensiero di non rivedere mai più quel panorama che si poteva ammirare dalla cima del muro".
"Però, che fantasia!".
"E mi sento ancora tutta scombussolata, ho un malessere che non ti dico".
Pablo sorride. Tira fuori da una borsa il suo iPad, si mette a trafficare un po', e poi lo mostra a Sara. È una pagina del sito ufficiale della WTA. La nostra la riconosce subito: è la pagina dove sono riportate le regole con cui si calcola la classifica mondiale.
La romagnola lì per lì rimane stupita, e guarda il suo allenatore con aria interrogativa. Poi, all'improvviso, si illumina.
"È proprio vero! Mamma mia che angoscia. E sarà così per tutto l'anno?".

Il muro sognato da Sara non è altro che il moderno tennis professionistico. Finché sali e sei in crescita, sei ottimista: stai faticando ma sei felice, perché hai la speranza di guadagnarti anche tu un posto al sole. Senti che tutto sommato arrivare in cima è possibile, se hai qualità, cuore e talento. Ma quando sei al vertice, tra i primi dieci del mondo, ti accorgi che stai respirando un'aria rarefatta e avvelenata. Il sistema di classifica infatti è un marchingegno infernale, un moderno e sofisticatissimo strumento di tortura. Ogni settimana il computer della WTA ti toglie i punti che hai guadagnato l'anno precedente nello stesso torneo e li sostituisce con quelli che hai appena conquistato. E quando ne hai in scadenza tanti, perché l'anno prima, proprio in quel torneo, hai centrato un buon piazzamento, ecco che hai addosso una pressione assurda perché devi "difendere" i punti conquistati dodici mesi prima. Se hai vinto un torneo, l'anno successivo in quella settimana hai tutto da perdere. L'unico modo per non perdere punti è vincere il torneo di nuovo. Qualsiasi risultato diverso dalla vittoria ti fa scendere in classifica. Una roba da psicoanalisi.

C'è poi un altro fattore, non meno importante, che rende difficilissimo restare sulla cima del muro. Quando sei un giocatore emergente puoi sfruttare l'effetto sorpresa. Gli altri non ti conoscono ancora nel dettaglio, non sanno quale giocata prediligi, che scelta fai quando sei sotto pressione, quali sono le tue traiettorie preferite. Ma quando arrivi tra i primi, quando sei tra i più forti, quando sei testa di serie ogni settimana, ecco che tutto cambia. Giocatrici e coach iniziano a studiarti minuziosamente. Vivisezionano te, il tuo carattere, il tuo tennis, i tuoi colpi e il modo in cui li adoperi sul campo. E mettono a punto le loro contromisure, con certosina pazienza e feroce determinazione.

Perché là fuori, appena scrostata con le unghie la sottile patina di gentilezze e buonismo, il circuito si mostra per quel che è veramente: un inesorabile vortice che tutto macina e distrugge, come le pale di un mulino ad acqua. Un orrendo girone dantesco in cui ciascuno, per scontare la sua pena, tenta di sopraffare il prossimo, con qualsiasi mezzo lecito. Una zuffa continua, selvaggia, in cui i lottatori sono disposti a farsi tumulare sul posto, prima di arrendersi.

Perché la vittoria è vita. La sconfitta è buio e silenzio.

Per questo nel tennis si sente dire, da sempre: "Arrivare in cima è difficile. Ma rimanerci è molto, molto più difficile".

Un compito immane attende Sara, in questa stagione 2013. Perché il dubbio bene o male lo hanno tutti, e lei per prima: riuscirà a confermarsi ad alto livello, a dare continuità alle sue prestazioni? O il suo è stato solo un exploit isolato, il tipico fuoco di paglia?

Nonostante il fardello di responsabilità e di preoccupazioni che grava sulle sue spalle, la romagnola arriva in Australia di buon umore, carica e positiva. Sa di aver svolto una meticolosa preparazione invernale, con Pablo e con il fidato preparatore atletico, David Andres.

Nei primi due tornei, Brisbane e Sydney, le cose vanno discretamente. Arrivano due buoni piazzamenti nei quarti di finale e una bella vittoria contro la numero 14 del mondo Maria Kirilenko, bambolina russa dalla tecnica cristallina ma dal rendimento altalenante.

A Melbourne, tuttavia, per l'evento più importante, l'Australian Open, l'umore della nostra cambia totalmente. Sara è lì che si allena come al solito con l'amica Roberta, ma ha l'espressione torva, c'è qualcosa che non va. A un tratto, scaglia rabbiosamente l'incolpevole Excalibur contro un borsone.

"Pablo non sento la palla oggi, non mi riesce niente!".

"E quando mai hai sentito la palla tu? Dai, braccio di ghisa, pensa a muovere i piedi, piuttosto, e vedrai che la senti!".

Lo spagnolo ride. Cerca di sdrammatizzare: addirittura si esprime in italiano, cosa che fa molto raramente, e che sa avere un effetto comico su Sara. Ma in cuor suo è anche lui preoccupato. Conosce fin troppo bene le regole del gioco. Immagina, intuisce, quello che sta succedendo. Sa che nella testa della romagnola in quel momento c'è spazio per un solo pensiero, ossessivo e martellante.

Gennaio 2013:
il Giro del Mondo
ricomincia con
i tornei australiani.

La vittoria di Sara e Roberta agli Australian Open 2013 le conferma n.1 al mondo in doppio.

Un numero. Tre cifre che nell'animo di Sara diventano ogni minuto più grandi, minacciose e inquietanti: cinque, zero, zero. Cinquecento.
Tanti sono i punti guadagnati l'anno prima a Melbourne, con la magnifica cavalcata fino ai quarti di finale, a un pelo dal giocarsi il terzo set contro Petra Kvitova, nella Rod Laver Arena. Cinquecento punti. Un'enormità.
Sola nel chiuso dello spogliatoio, in attesa di entrare nella Margaret Court Arena per il suo match di esordio, Sara rimugina fra sé e sé, cerca di immaginare cosa la attende, là fuori. Il sorteggio è stato maligno. Dovrà affrontare la spagnola Carla Suárez Navarro, una ragazza nata alle isole Canarie, nientemeno. È la numero 33 del mondo. La più forte avversaria possibile, la migliore giocatrice non compresa fra le 32 teste di serie. Ma soprattutto è una buona amica di Sara, con cui spesso condivide intense sessioni di allenamento. E questo è un ulteriore problema. La nostra conosce benissimo il pericolo: sa che la spagnola è una giocatrice dal buon talento, non troppo continua, ma che nella singola partita può toccare picchi di rendimento molto alti. In più Carla sa perfettamente cosa aspettarsi, conosce a menadito il gioco dell'azzurra. E soprattutto non ha niente, ma proprio niente da perdere. Se le andrà male non avrà nulla da rimproverarsi. Il peso dell'attesa è tutto su Sara.
L'addetta dell'organizzazione bussa alla porta dello spogliatoio. È ora di entrare in campo. Sara si carica la borsa sulle spalle. Le sembra molto più pesante del solito. Dentro, oltre alla solita roba, ci sono cinquecento palline di piombo. Cinquecento punti, da difendere a ogni costo.

Sara, Pablo, Roberta e Francesco sono attorno a un tavolo, nel miglior ristorante italiano di Melbourne. L'azzurra ha davanti a sé un gran piatto di pasta, ma non ha toccato cibo. Ha gli occhi arrossati, ancora umidi di pianto, e il viso è molto tirato. L'atmosfera è tesa.
"Va beh, dai, però Carla ha giocato proprio bene – azzarda Roberta. – Ha tirato non so quanti vincenti con il rovescio lun

golinea". Pausa. "Secondo me non hai molto da rimproverarti, Cichi".
Ma Sara nemmeno vede il sorriso materno, affettuoso, che le rivolge l'amica. Ha un demone infuocato che le sta bruciando lo stomaco. Deve sputarlo fuori.
"E certo che ha giocato bene col rovescio lungolinea. E io, cretina, che continuavo a spostarmi sul diritto, a lasciare scoperto l'angolo e a tirarle sempre lì".
"Del resto – continua, alzando la voce – ho fatto così perché qualcuno mi ha detto di farlo!".
Ecco. L'ha sputato, il demone. Ha pronunciato l'ultima frase fissando Pablo con uno sguardo feroce, da felino affamato. Pablo non si scompone. La guarda dritto negli occhi e le parla, con il suo solito ritmo rapido, ma perfettamente calmo.
"Claro Sara. El problema no fue la tactica, fue la tensíon. Hoy tu derecha no era bastante fuerte! Carla tirava con el rovescio porque tu estabas jugando corto".
"Non è vero! – prorompe Sara, alzandosi in piedi, di scatto. – Non ero tesa!". È un disperato urlo di ribellione, un autentico ruggito. Nel locale tutto a un tratto si è fatto un silenzio pesante. Li stanno guardando tutti.
"Ma è possibile che tu devi avere sempre ragione? Può essere mai che tu sei sempre quello perfetto? Non può essere che stavolta, se ho perso, è perché mi hai fatto fare la cosa sbagliata?".

Sara continua a gridare, incurante degli sguardi di tutti i commensali. Roberta e Francesco, sorpresi, basiti, non sanno più dove guardare. Pablo, imperturbabile, continua a fissare Sara dritto negli occhi, sereno. Ma la nostra non riesce a calmarsi.
"Io ti guardavo, e tu continuavi a farmi segno di giocarle sul rovescio! Quella mi ha massacrato oggi col rovescio, Pablo. Te ne sei accorto? O dovevo tirarle sul rovescio pure dopo

Per Wimbledon e il Roland Garros a sinistra... e poi sempre dritto! Il quadrilatero dei prestigiosi tornei del Grande Slam si completa con l'ultimo appuntamento di Flushing Meadows.

averle stretto la mano? Ah, sono stata una stupida!".

Si gira di scatto, raccoglie le sue cose ed esce di corsa dal ristorante, singhiozzando. I tre, rimasti seduti a tavola, si guardano in silenzio. Pablo scuote lievemente la testa. Roberta lo afferra per un braccio.

"Non ti preoccupare. Adesso io e lei vinciamo il torneo di doppio, e vedrai che si calma".

Roberta è stata di parola. Due settimane dopo, sul volo Quantas Melbourne-Dubai, Sara e Roberta sono sedute una a fianco all'altra. In mezzo a loro, fra i sedili, tengono una grossa coppa a forma di insalatiera. È il trofeo che spetta ai vincitori del titolo di doppio femminile dell'Australian Open, che hanno conquistato superando in una finale a senso unico la coppia australiana Barty-Dellacqua. È il loro terzo torneo dello Slam, dopo il Roland Garros e l'Open degli Stati Uniti. Sotto il profilo tecnico, è forse l'affermazione più significativa della loro carriera di doppiste, dal momento che nei quarti di finale hanno battuto addirittura le sorelle Williams.

Sara si è un po' rasserenata, ma da quella sera al ristorante italiano non ha più parlato con Pablo.

Lo spagnolo, infatti, due giorni dopo si era imbarcato su un volo Emirates, e se ne era tornato a Valencia. Si erano salutati a monosillabi, tra silenzi imbarazzati e un crescente senso di disagio. Francesco, come al solito allegro e solare, si era occupato di guidare le ragazze nel torneo di doppio e di dirigere gli allenamenti. Nessuno di loro aveva più avuto il coraggio di parlare della partita con la Suárez Navarro.

All'improvviso, diecimila metri sopra la superficie dell'Oceano Indiano, Roberta sbotta: "Sara, non fare cazzate".
La pugliese è decisa, imperiosa. La nostra la conosce bene. Sa che quando fa così bisogna affrontarla. Manovre evasive non sono consentite.
"Che vuoi dire?".
"Voglio dire che devi chiedere scusa a Pablo. Lo sai anche tu che non è colpa sua se hai perso al primo turno".
"No Roby. Stavolta ha toppato lui. E deve ammettere di avere sbagliato. Ma lui no. Lui è il grand'uomo, il perfetto, l'infallibile. Non lo sopporto quando fa così".
"Sara, ascoltami. Stai facendo la ragazzina. Sei la numero 7 del mondo. Devi prenderti le tue responsabilità. Francesco e Pablo sono i nostri coach, i nostri amici. Ci aiutano tantissimo, sono bravissimi, ci conoscono alla perfezione. Ma in campo ci andiamo noi. Loro ci possono indicare la tattica, possono suggerirci cosa fare, possono cercare di calmarci, di farci giocare tranquille, di farci ragionare. Ma poi il diritto all'incrocio delle righe lo dobbiamo tirare noi, l'*ace* lo dobbiamo fare noi, la palla break la dobbiamo annullare noi. Loro non possono entrare in campo al posto nostro. Siamo noi, e soltanto noi, le artefici del nostro destino. E tu lo sai molto bene. Quante volte me le hai dette tu, queste cose? Te lo ricordi? Come quella sera a Monterrey, quando dovevamo fare atletica e io non ne potevo più?".
"Va beh, ma questo che c'entra. Certo che in campo ci vado io. Ma lui mi ha detto di fare una cosa sbagliata. O no?".
Roberta sospira, e sorride. La sua voce è dolce ma ferma.
"No Cichi. Ti ha detto la cosa giusta. Lei ha il rovescio a una mano, lo sai. Se tu le giochi il tuo frullone di diritto, con tanto top spin, come sai fare benissimo, la butti tre metri fuori dal campo e lo scambio è tuo. Ma tu, caro il mio braccio di ghisa, quel giorno eri rigida come uno stoccafisso, e tiravi di là solo mozzarelle. Te lo giuro. È la verità, lo hanno visto tutti".
"Ecco, lo sapevo. Vi siete messi d'accordo. Sono sempre io quella che sbaglia. Lasciamo perdere".
Sara si alza e si va a sedere in un posto vuoto, poche file più

in là. Ha la faccia talmente scura che la hostess australiana non ha il coraggio di dirle nulla.
Qualche ora dopo si atterra a Madrid. Sara e Roberta proseguiranno per Valencia, per riposarsi un paio di giorni prima del torneo indoor di Parigi, mentre Francesco prenderà la coincidenza per Roma.

Pablo e Sara si abbracciano commossi dopo la vittoria di Acapulco 2013.

I nostri escono dall'aereo e si avviano verso il *gate* di uscita, in mezzo a una moltitudine di passeggeri.
Sara si avvicina a Roby, la affianca. Le sorride, le sussurra un "grazie!" a fior di labbra e le dà un affettuoso pizzicotto sulla guancia. Poi si mette a correre, gridando: "Pablo!".
Lo spagnolo è là in piedi, davanti al *gate*, che li aspetta. È venuto in auto da Valencia, per risparmiare a Sara e a Roberta uno scomodo viaggio in treno, con tutti gli ingombranti bagagli della lunga trasferta. Sul viso, mostra la solita espressione seriosa e tranquilla. Ma in cuor suo è molto meno sereno di quanto voglia lasciar trasparire. Sara lo raggiunge e senza dire una parola lo agguanta, lo abbraccia forte e lo tiene stretto. Pablo, visibilmente sorpreso, guarda davanti a sé, sopra la spalla di Sara, verso Roberta e Francesco, che lentamente rimontano la fila di passeggeri. C'è tutto un mondo nello sguardo d'intesa che i tre si scambiano, silenzioso e fulmineo. Sollievo, commozione, speranza per il futuro, felicità

In azione durante il torneo indoor di Parigi e in quello di Dubai.

assoluta. Un momento che spiega tante cose, sul fenomeno Errani e sulle Cichis.
Sara e Pablo continuano a starsene così, abbracciati, in mezzo all'uscita. Intralciano il deflusso dei passeggeri, ma nemmeno si accorgono delle occhiatacce di quella turba di sconosciuti muniti di trolley.
È la fiducia che rinasce, l'incastro perfetto di due anime, il patto che si rinnova. Più monolitico che mai.

Adesso si può ripartire. Archiviata la delusione australiana, l'azzurra dimostra a tutti cosa voglia dire avere carattere, quel carattere che non ti può mancare, se vuoi restare sulla cima

del muro. Il chiarimento con Pablo ha portato nuovo entusiasmo, uno spirito diverso.
I nostri hanno pianificato un inizio di stagione massacrante, intensissimo. Pablo sa che è la cosa giusta. Sara è un animale da competizione, ha bisogno di giocare tanto. Per lei la tensione agonistica è vitale. L'adrenalina della partita è come una droga. Le dà assuefazione, non può farne a meno.
Il programma è ambizioso, fatto di tornei importanti: Parigi indoor, Doha, Dubai. E poi il solito snervante tour americano: Acapulco, Indian Wells, Key Biscaine.
La svolta arriva subito. A Parigi fa un freddo cane, ma il campo indoor non è così veloce e favorisce il tennis della nostra. E, soprattutto, adesso Sara sa che cosa deve fare: smetterla di rimuginare, lasciar perdere tutti quegli infernali calcoli su punti, ranking, risultati da scartare. Giocarsi un punto alla volta, come se fosse l'ultimo. E tirare più forte che può, vada come vada.
A Parigi è subito finale, un risultato che vale tantissimo, dopo la delusione australiana. Un tonico, un toccasana.
Da lì in poi i risultati sono straordinari. Tra febbraio e marzo Sara gioca la bellezza di ventisei partite, perdendone solo sei, e sempre da avversarie tostissime, come Petra Kvitova, Victoria Azarenka e Maria Sharapova.
Memorabile la finale di Dubai, contro la poderosa mancina ceca. Sara ormai conosce Petra alla perfezione e scende in campo più determinata che mai. Sa che l'altra non è un cuor di leone, a dispetto della mole. E che se riesce a portare la partita sulla lotta ce la può fare. Addirittura, a un certo punto, quando si accorge che nello scambio da dietro non riesce a reggere la potenza dell'avversaria, la romagnola si mette a fare *serve & volley*. Lo schema più rischioso e difficile da eseguire per una donna. E in più, per attaccare la rete dietro un servizio debole come quello dell'azzurra ci vuole un cuore grande così, al limite dell'incoscienza. Una roba da scomodare De Amicis e il piccolo tamburino sardo alla battaglia di Custoza.
Tecnicamente, è una follia. E invece accade l'imprevedibile.

Una, due, tre volée vincenti, bellissime, spettacolari. Petra impazzisce. È furibonda per quello che le sembra un autentico affronto. Rabbiosa, perde la testa e inizia a bombardare i teloni, non centra più il campo. Sara si prende il secondo set, nell'incredulità generale, con il pubblico in visibilio. Petra, sconvolta, si rifugia negli spogliatoi.
Nel terzo set, dopo una lunga pausa di meditazione, la ceca torna in sé appena in tempo per prendersi partita e titolo. Ma non importa.
Il giorno dopo sulla stampa è un coro incondizionato di elogi. La pallettara senza servizio è diventata un'autentica gladiatrice, un'indomabile guerriera. Claudio Giua, apprezzata firma di Repubblica.it, riesce meglio di tutti a sintetizzare il sentire comune: "Non sappiamo per quanto tempo Sara Errani riuscirà a restare fra le prime dieci del mondo. Ma possiamo essere certi di una cosa: in Italia non abbiamo mai avuto una giocatrice dotata di un carattere così forte e tenace, di una presenza agonistica così debordante, di una personalità così spiccata".

Excalibur è sempre più a suo agio. Le piace da morire quando Sara si butta a rete, quando chiude i punti con una volée vincente. Fra tutti i colpi del tennis, è quello che più le ricorda un gesto a lei molto familiare: la stoccata. L'affondo decisivo, con cui l'avversario è ferito a morte. Non è a questo, dopo tutto, che serve una Spada?

ALCUNE PERSONE
ASPETTANO CHE LE COSE ACCADANO.
ALTRE LE FANNO ACCADERE.

MICHAEL JEFFREY JORDAN

TRA LE GRANDI

Madrid. Sara è in albergo, appena arrivata da Valencia. Sta mettendo a posto le sue cose, prende possesso della stanza. Sistema accuratamente nell'armadio e nel bagno vestiti, oggetti, accessori personali, borsone, racchette, scarpe, cerotti, fermacapelli e tutti quei piccoli ammennicoli così indispensabili a una ragazza.
È una sorta di rituale, seguito da molti giocatori. In questa esistenza nomade, aiuta a sentirsi meno sperduti, meno precari, meno sradicati. Dà una parvenza di "casa" e di normalità.
Sara poi è di suo una ragazza dalla mente ordinata, che ama fare le cose con metodo. Dopo aver messo tutto a posto si sente meglio. Mentre sta riponendo le scarpe ecco il trillo dello smartphone, appoggiato sul comodino. L'onnipresente WhatsApp reca un sms di Davide: "Sorellina, è arrivato Babbo Natale. Sto salendo con i completi della nuova linea Nike".
Entusiasta, Sara chiama al telefono Roberta.
"Cichi? Sei a posto? Ancora no? Ma come la doccia... dai vieni subito qui da me, sta arrivando Davide coi completini nuovi!".
Da un po' di tempo Davide aveva iniziato a rappresentare, come agente, anche Roberta Vinci. Ben presto, facendo leva sulla crescita di Roby in singolare, nonché sui successi in doppio delle due azzurre, aveva ottenuto anche per la tarantina un buon contratto con Nike: le due Cichis nello US Open di

qualche mese prima avevano iniziato a presentarsi in campo indossando lo stesso completo, come ogni grande doppio che si rispetti.
Le periodiche visite di Davide coi nuovi modelli studiati dalla casa americana erano rapidamente diventate uno degli happening più gustosi e divertenti del loro sodalizio.
"Ciao sorellina, ciao Roby. Ecco qua. E poi non dite che non vi penso!".
Quando Davide entra nella stanza di Sara, seguito da un inserviente che trasporta un voluminoso scatolone, Roberta è già lì tutta in ansia, gli occhi luccicanti. È misteriosamente riuscita ad asciugarsi i capelli a tempo di record.
Baci, abbracci, saluti, convenevoli di rito. Poi però Roberta taglia corto, impaziente: "Ok dai, ci vediamo dopo. Adesso esci che dobbiamo cambiarci. Quali sono i miei?".
"C'è scritto il tuo nome Roby. La scatola di destra".
"Bene, ci vediamo a pranzo, ciao ciao!".
E scaraventa letteralmente il povero Davide fuori dalla stanza, per poi iniziare a rovistare fra magliette, gonnellini, pantaloncini, canottiere, tute, scarpe, polsini, calze, cappellini, visiere e chi più ne ha più ne metta, svuotando frenetica lo scatolone come quando, bambina, alla sua festa di compleanno le mettevano davanti i pacchi dei doni e lei, indecisa, cercava di aprirli tutti contemporaneamente. Dopo cinque minuti il letto di Sara assomiglia alla città di Stalingrado nell'inverno del 1943.
"Che disastro Cichi. Ma poi rimetti a posto o mi lasci questa cagnara?".
"Uffa, come sei noiosa... Guarda com'è carino, piuttosto...".
Roby si para davanti allo specchio con una canottierina chiara a righe grigie, gonnellino grigio a tinta unita abbinato, calze bianche e scarpe bianche classiche, pavoneggiandosi.
"Beh? Allora, musona, ti piace?".
Sara la guarda appena e si rimette a sistemare le sue cose, con un sorrisetto beffardo.
"Sì sì, bellino, ti sta bene. Ma non allargarti troppo, Cichi. Mica sei la Ivanovic. Dai sbrigati, che ci aspettano per pranzo".

Sara a Miami
prima di tornare
in Europa
per la stagione
sulla terra rossa.

"Carina lei... Ha parlato la Sharapova...".
"Lascia stare la Sharapova, guarda. Ho ancora certi nervi...".
"Ma dai Cichi, non stare sempre lì a flagellarti... Ci sei andata proprio vicina, sia a Indian Wells, sia a Miami. La prossima volta la batti, vedrai. Comunque, è deciso: per il doppio di domani ci mettiamo questo!".
Roberta aveva detto la verità. Nei due grandi tornei americani di marzo, Indian Wells, in California, e Key Biscayne, che si gioca su un'isola di fronte a Miami, Sara aveva espresso un tennis di livello altissimo. Aveva battuto gente del calibro di Ivanovic, Halep e Bartoli. Poi, in entrambi i tornei, nei quarti di finale aveva sfidato la Sharapova. In California era andata a un soffio dal vincere il primo set, smarrito solo al tie break, per

otto punti a sei, dopo essersi trovata avanti 5-3 e aver avuto un set point. In Florida, due settimane dopo, aveva fatto ancora meglio: aveva perso il primo set per 7-5, nel secondo era stata a lungo avanti, e aveva avuto ben tre set point sul 5-4 in suo favore. Alla fine la potenza di fuoco della siberiana aveva prevalso ancora una volta, ma Sara era riuscita a tenerla lì, sul campo, a friggere e a soffrire per più di due ore e mezza. Non si era mai sentita così vicina alla vetta del tennis mondiale.
Per la nostra, tuttavia, questi ragionamenti consolatori, dopo le sconfitte, hanno sempre un retrogusto amaro. E la lucida consapevolezza di essere ferma a zero vittorie e ventisei sconfitte contro le Top Five non fa che aumentare la sua ostinata, cocciuta, incrollabile determinazione.
Ma non c'è scelta. Devi essere fatto così, se vuoi restare sulla cima del muro.

In ogni storia di spade e duelli non può mancare la figura del Drago. Un essere che vive al confine tra il mondo degli umani e quello del soprannaturale, traboccante di forza fisica, dotato di una schiacciante superiorità sugli avversari e di un'inestinguibile ferocia.
Nel circuito femminile il Drago ha le allegre sembianze di una formosa e nerboruta ragazzona di colore, cosce poderose e deltoidi luccicanti, nata in Michigan agli inizi degli anni Ottanta e cresciuta in un ghetto di Los Angeles. Si chiama Serena Williams, ha vinto diciassette titoli di singolare nei tornei dello Slam ed è considerata una delle più forti giocatrici di tutti i tempi. Forse la più forte.
Eccola là. Nera, enorme, dall'altra parte della rete, sulla Pista Central della Caja Mágica di Madrid. È la semifinale di uno degli eventi più importanti dell'anno, il torneo Premier organizzato dal baffuto manager rumeno Ion Tiriac, l'uomo dai mille mestieri e dalle mille conoscenze potenti.
Sara sa già che cosa la attende. Ci ha giocato altre volte, col Drago. Conosce quella dolorosa sensazione che si prova nel rimandare di là una palla scagliata da Serena Williams. I colpi

di Serena non sono come quelli delle altre. Non sono palle da tennis. Sono pietre. Prima ancora di iniziare il palleggio di riscaldamento, le torna in mente quella piccola scossa elettrica generata dall'impatto violentissimo della palla di Serena sulla sua racchetta. Repentina, lancinante, la scossa parte dal polso, percorre l'avambraccio, attraversa la spalla e si ferma da qualche parte in mezzo alle scapole, sotto il collo, dove viene assorbita dalle vertebre. Ogni volta è come se ti instillasse una goccia di veleno. E ogni volta hai la tentazione irrefrenabile di mollare tutto e andartene via, di sottrarti a quella violenza senza appello, presa alla gola da una forza soverchiante, incontenibile, soprannaturale.
Sara però non scappa. Resta aggrappata per tutto il primo set,

20 maggio 2013. Sara raggiunge la posizione n. 5 in classifica WTA, suo attuale best ranking.

nell'incredulità generale. Ha dalla sua un alleato: l'altitudine. Madrid è a quasi 700 metri sopra il livello del mare e la palla, nell'aria un po' più rarefatta, rimbalza più alta del solito, aumentando l'efficacia dei suoi colpi arrotati.
Sara varia gli angoli, cerca le righe, tenta in tutti i modi di farla muovere, di farla correre, di non consentire a Serena di colpire coi piedi ben fermi.
Ma il Drago è invulnerabile. Egli è al di sopra dei poteri degli umani. La sua Wilson, implacabile come una Nemesi, erutta fiamme abbacinanti a ogni turno di servizio e soffoca trucemente ogni tentativo di ribellione a un fato già scritto nella notte dei tempi, a un esito già segnato nei cromosomi delle loro antenate. 7-5 6-2, e così sia.

L'azzurra non è mai contenta quando perde, ma cerca di guardare al bicchiere mezzo pieno, per una volta. Sta giocando molto bene, da mesi è alla pari con le migliori, è la numero 6 del mondo, è universalmente considerata fra le tenniste più forti del circuito. Anche il Drago le ha reso omaggio dopo il match, dichiarando chiaro e tondo alla stampa: "No doubt: Sara Errani is an unbelievable warrior".
La nostra sta realizzando tutti i suoi sogni di bambina.

Dopo l'avventura col Drago è la volta di tornare a Roma, al Foro Italico, per i Campionati Internazionali d'Italia.
Rimettendo piede nel bellissimo impianto in stile razionalista, tra le statue e i pini, si accorge di vedere il luogo con occhi diversi. Ripensa a quando, da bambina, disputò al Foro Italico un incontro valido per la Coppa Belardinelli. Tremava di paura al solo guardare le storiche gradinate di marmo viste tante volte in televisione.
Ma stavolta è diverso. Stavolta Sara arriva al Foro da autentica leader del movimento tennistico italiano. È la protagonista più attesa, è la finalista dell'ultimo Roland Garros, le sue foto sono su tutti i giornali che presentano l'evento, i suoi video sono nei promo di tutte le Tv.
Il lunedì mattina le due Cichis percorrono il tunnel sotterraneo che conduce al campo posto sotto la terrazza del Bar del Tennis, da sempre il preferito per assistere agli allenamenti delle star. Roberta si affaccia, scruta la tribuna gremita, la terrazza traboccante di gente. Ci sono almeno duemila persone.
"Che confusione, Cichi".
"Ci dev'essere Rafa Nadal che si allena. Che meraviglia però: a Roma ogni anno è più bello, c'è sempre più gente".
Ma quella folla non è lì per Rafa Nadal. Il campo è vuoto. Quando Sara e Roberta si avviano verso la panchina, per iniziare l'allenamento, si leva un boato fragoroso. Cori, urla di incitamento, bambini che protendono disperatamente le grosse palle gialle degli sponsor, a implorare un autografo.
Tutta quella gente è lì per testimoniare il suo affetto e la sua

ammirazione alla pallettara senza talento e alla sua amica per la pelle.

"Sara, hacemos un juego".
"Che gioco Pablo? Dai, lascia stare, che oggi mi girano un po'...".
I nostri sono seduti a un tavolo del magnifico ristorante per i giocatori del Roland Garros, all'interno dello stadio dedicato a Suzanne Lenglen. A Roma, tre settimane prima, le cose erano andate bene: grazie anche a un po' di fortuna (il ritiro di Maria Sharapova, che avrebbe dovuto affrontare nei quarti) Sara aveva centrato una prestigiosa semifinale, risultato che le italiane nel torneo femminile del Foro non raggiungevano dai tempi remoti delle racchette di legno. L'azzurra era così arrivata a Parigi da numero 5 del mondo, il suo miglior ranking di sempre.
Ma questo, se possibile, le aveva dato ancora più pressione, più ansia. Aveva iniziato il torneo con i nervi a fior di pelle.
Con uno sforzo sovrumano era riuscita in qualche modo a dominarsi. Si era qualificata per gli ottavi con una certa facilità, senza perdere un set, battendo prima due buone giocatrici, l'olandese Rus e la giovane kazaka Putintseva, e poi nel terzo turno la potente tedesca Lisicki, una ragazzona con un servizio spaventoso, fortissima sul veloce, per fortuna meno temibile sul rosso. Sara aveva espresso un buon tennis: pochissimi errori, tanta sostanza e solidità. A tutti era sembrato che fossero stati incontri di ordinaria amministrazione. Nessuno, da fuori, si era accorto di quanta fatica avesse fatto. In realtà quei match erano costati a Sara un autentico tesoro di energie nervose, e ora si sentiva totalmente prosciugata, esausta. Al solo pensare alla partita successiva andava in panico.
Pablo, che la sa lunga, la incalza.
"Yo sé lo que estás pensando".
"E va bene, dai. Se no tu non la finisci più. Cosa sto pensando?".
"Te lo digo en italiano, porque tienes que entenderme bien. Tu in questo momento stai pensando a quanto scenderesti, in classifica mondiale, senza i 1400 punti che difendi questa settimana, i punti dolla finale dello scorso anno".

Babolat
Ene

Sara guarda il suo allenatore, rassegnata. Sospira.
"Sì, Pablo, hai ragione. È esattamente così. Ho una paura tremenda, un'ansia che non ti dico. In questo torneo mi gioco tutto. Non ho mai vissuto una situazione così. Mi sembra di camminare sul parapetto di un grattacielo, basta che metto male un piede e mi sfracello nel vuoto".
"Entiendo".
La voce di Pablo è tranquilla, paterna, rassicurante. Sara si sfoga.
"Lo so che non si dovrebbero guardare i punti, i tabelloni, i sorteggi e tutto il resto. Ma come si fa? E poi, dai, Pablo, parliamoci chiaro... Chi è che non li guarda i tabelloni e le classifiche? La maggior parte di chi dice di non farlo mai, di pensare a un match alla volta, lo fa solo per darsi un tono...".
"Entiendo, Sarita".
La romagnola ormai è un fiume in piena. Più parla, più le sembra che quell'ansia opprimente si faccia più sopportabile.
"Ora sono negli ottavi, e devo giocare un'altra volta contro Suárez Navarro. Solo a pensarci mi manca l'aria, Pablo. Lei qui è forte. Contro di lei devo giocare bene, se no finisce come a Melbourne. Appena ripenso a quella partita mi viene l'angoscia".
"Sarita. Non fermarti a Melbourne. Ci hai giocato altre due volte, quest'anno".
Era vero. Sara aveva incontrato altre due volte la spagnola, in quei cinque mesi. Ed erano state due vittorie. La prima in febbraio, a Parigi, nei quarti del torneo Premier Gaz de France, dove poi si era arrampicata fino alla finale. Rivede in un lampo il film della partita: tre ore di battaglia feroce. Lei motivatissima a vendicare la bruciante sconfitta di tre settimane prima, l'altra in un ottimo momento di forma. Aveva dovuto anche annullare un match point nel terzo set, sotto 5-4. Ricorda con affetto il grande sostegno avuto da Roberta, sua coach per l'occasione. D'accordo con Francesco e Pablo, le due Cichis erano andate a Parigi da sole, in modo da consentire ai loro coach di riunirsi alle rispettive famiglie, dopo la lunga tra-

sferta australiana. Sì, quella vittoria era stata importantissima. E poi c'era stata la finale di Acapulco.
Un torneo cui non avrebbe nemmeno dovuto partecipare, dato che dopo la finale di Dubai, l'impresa sfiorata contro la Kvitova, si sentiva stanchissima. Ma era stata costretta ad andare dalle regole della WTA. Quelle regole che rendono così inospitale la cima del famoso muro. In esse c'è scritto, assieme a un mucchio di altre cose, che se chiudi l'anno fra le prime 10, la stagione successiva devi giocare solo i tornei grandi, i cosiddetti "Premier". Di quelli più piccoli, gli "International", puoi giocarne solo due, e devi comunicare la tua scelta alla WTA con ampio preavviso. Sara e Pablo ovviamente avevano scelto due tornei su terra battuta: Palermo e, appunto, Acapulco. Non ci si poteva tirare indietro.
La nostra si rivede mentre sale sul primo aereo per il Messico, cotta come una melanzana in un piatto di pasta alla Norma. Ripensa a quel banale match di primo turno, contro la rumena Cadantu, quando si era infortunata ai flessori di tutte e due le gambe. Una lieve contrattura, il tipico segnale che un corpo stremato manda al suo proprietario. Ma difendeva la vittoria dell'anno prima, 280 preziosi punti, era la stella del torneo, la testa di serie numero 1 del tabellone. E nel suo vocabolario la parola resa non riusciva proprio a farsi strada. Sara ripercorre tutta quella settimana allucinante, fatta di match giocati col minimo dispendio possibile di forze durante il giorno e di lunghissime, estenuanti sedute di fisioterapia, massaggi e trattamenti vari durante la notte. Aveva compiuto un miracolo di intelligenza e di talento, gestendo se stessa e le proprie scarse energie con un'abilità sovrumana, arrivando in finale senza perdere un set. E poi? Manco a dirlo, dall'altra parte della rete c'era lei. Carla. Ma la nostra, consapevole di avere poca benzina, di doversi sbrigare, era partita carica a pallettoni, tirando bordate da tutte le posizioni e sorprendendo nettamente l'avversaria, che si aspettava il solito match maratona. E così aveva vinto 6-0 il primo set e 6-4 il secondo, guadagnandosi nuovamente il diritto di indossare il sombrero.

Le fa bene ripensarci. Il ricordo è un balsamo. L'euforia di quella sera, le lacrime di gioia dopo il match point, la commozione mentre ascolta le dichiarazioni alla stampa di un Pablo mai così orgoglioso della sua Sarita: "Nessuna è come lei...".
Ma è un sollievo passeggero. Dopo il breve attimo di quiete l'ansia torna di colpo ad attanagliarle lo stomaco, più forte di prima.
"Sì, Pablo, è vero. Ci ho giocato altre due volte, e ho vinto io. Ma conta poco. Qui è diverso, lo sai anche tu. Questo è un torneo dello Slam, è il Roland Garros. È un'altra cosa".
Pablo annuisce.
"E allora preparati a soffrire, Sarita. Perché dovrai soffrire molto".

Pablo era stato facile profeta. Due giorni dopo, negli ottavi di finale, in un Suzanne Lenglen intristito da un cielo grigio e nuvoloso, la nostra deve affrontare in un colpo solo le sue paure, le sue ansie, i suoi demoni, Carla Suárez Navarro e il suo scintillante rovescio a una mano.
Nelle antiche storie di spade e duelli c'è sempre un maniero, un castello, una fortezza, dotata nei sotterranei di una buia segreta adibita alla tortura dei prigionieri. Ma anche nel moderno tennis professionistico, se sapete dove guardare, potete trovare la sala delle torture: è la parte di campo che si trova fra la riga di fondo e i giudici di linea.
La vera tortura del tennis sta nelle innumerevoli pause fra un punto e l'altro, in cui il giocatore è solo con se stesso, con i suoi timori e con i fantasmi della sua mente.
È lì, in quella sorta di rettangolo largo una dozzina di metri e profondo sette o otto, che ogni tennista, durante il match, prova i più atroci tormenti, soffre tutte le pene dell'inferno, arriva cento volte sul punto di arrendersi, di mollare tutto, di stramazzare al suolo, e cento volte torna a rialzare la testa, a guardare verso il campo, a sfidare l'avversario. La cosa più singolare, poi, è che vittima e carnefice coincidono: sono la stessa persona.
Il tennista è il più feroce aguzzino di se stesso.

Inizia il match. Fra un punto e l'altro Sara ripete almeno mille volte tra sé: "Spingi! Non fare come hai fatto in Australia. Non aver paura di sbagliare. Spingi questa dannata palla, devi dare tanta forza, tanta rotazione al tuo diritto, devi fare in modo che i tuoi colpi siano profondi e che la palla le rimbalzi molto alta sul rovescio, in modo che lei sia costretta a tornare indietro. Se ci riesci, il più è fatto: o le fai una smorzata, o tiri una botta dall'altra parte, non si salva più".

Purtroppo il corpo umano può rivelarsi una diabolica trappola. Per un professionista eseguire un colpo, poniamo un diritto, è come per uno di noi cambiare la marcia o mettere la freccia quando siamo al volante. Si fa meccanicamente, senza pensarci, perché si tratta di gesti profondamente automatizzati nelle memorie motorie del cervello, in anni e anni di allenamenti. Se il giocatore colpisce la palla senza pensare a quel che sta facendo, totalmente rilassato, l'efficacia del colpo è massima. Ma nel match, specie in un match importante, non si è mai rilassati. Non si gioca mai con il pilota automatico. L'Io, la parte consapevole del cervello, conosce le conseguenze che deriverebbero da un colpo sbagliato, e ne ha paura. Per questo pretende di riprendersi il controllo del gesto, strappandolo alla parte inconsapevole, che invece è quella più adatta per eseguirlo al meglio. E allora l'Io cosciente inizia una lotta feroce, inviando impulsi che contrastano l'azione principale. Costantemente nel braccio di ogni tennista si combatte una ferocissima battaglia fra due forze contrapposte: quella dell'Io inconsapevole, che cerca di tirare il colpo a tutta forza, e quella dell'Io consapevole, che usa una parte delle fibre muscolari del braccio per rallentare il gesto, nella vana speranza di riassumerne il controllo. Il risultato finale di tutto questo sforzo sovrumano e autodistruttivo, di questa guerra intestina fra nervi e muscoli, è un misero cumulo di rovine: un colpo debole, poco preciso, che nemmeno passa la metà campo. È il famoso "braccino" del tennista.

Autentico tributo della natura alla complessità dell'essere umano.

Parigi, giugno 2013.
L'intervento
della fisioterapista
durante il match
con la Suárez Navarro.

Almeno mille volte, in quel pomeriggio da tregenda, Sara si sorprende a colpire trattenuta, frenata, poco fluida, ogni volta pensando, in un lampo: "Ecco, ho tirato troppo piano, adesso mi attacca lei...", per poi vedersi costretta a una serie infinita di rincorse affannose e quasi sempre infruttuose. Almeno mille volte, prima del punto successivo, mentre si aggira sul fondo del campo, mentre si asciuga il viso e si fa dare le palline dai raccattapalle, è lo stesso ritornello, la stessa eterna sfida interiore: "Dai su, spingi! Fai uscire 'sta palla dalle corde!". Ma più se lo ripete e più l'Io cosciente, pieno di timore, prende il sopravvento, inesorabile, anestetizzandole il braccio, annebbiandole la mente, portando al parossismo la sua frustrazione.

Sara reagisce al momento di crisi e conclude vittoriosamente l'incontro degli ottavi di finale.

Tra un punto e l'altro Sara si insulta sanguinosamente, se ne dice di tutti i colori, massacrando la propria autostima e il proprio orgoglio.
Uno sconvolgente pentolone di pensieri sconnessi, un gorgo di idee e piani tattici appena abbozzati e subito abortiti, un turbine di nuvole che si inseguono increspandosi e mescolandosi, mentre il cuore batte sempre più forte, la testa sembra scoppiare e un dolore sordo, crescente, inizia a tormentarle lo stomaco.
Sta giocando troppo corto. Subisce costantemente l'iniziativa di Carla e riesce a stare in partita solo grazie all'orgoglio, spendendo tante energie in difesa.
Sul 5 pari del primo set il dolore allo stomaco diventa fortissimo, le sale verso il petto. Le sembra di aver inghiottito una colata di cemento a presa rapida, non riesce più a respirare. Le gira la testa, ha la sensazione di essere lì lì per perdere i sensi. I lineamenti degli spettatori delle prime file sono sempre più sfuocati, indistinti, e una sorta di calabrone ronzante le si deve essere infilato in un orecchio.
Si gira verso l'arbitro di sedia. Sussurra, con un filo di voce: "Medical time out".

Qualche ora dopo Sara è in sala stampa, letteralmente stravolta dalla fatica, ma sorridente. Risponde alle domande dei giornalisti.

"Ma che hai avuto Sara? Che ti è successo alla fine del primo set?".

"La fisioterapista mi ha detto che mi si era bloccato completamente il diaframma. Faticavo a respirare. Deve essere stata la tensione".

E poi, con un filo di voce: "Vorrei anche dire che oggi non ho giocato il mio miglior tennis, e che forse Carla avrebbe meritato di vincere".

Più tardi, mentre la vettura della *transportation* la sta riportando in albergo, si rivede là in mezzo al campo, sdraiata sull'asciugamano, davanti al seggiolone dell'arbitro, per farsi trattare l'addome. In quel momento era terrorizzata. Era quasi sicura che sarebbe morta. Poi le mani sapienti della fisioterapista le avevano dato sollievo, il cemento che le aveva invaso lo stomaco e il petto si era sciolto, il cerchio alla testa si era allentato, si era sentita meglio ed era tornata in campo. Aveva giocato due *games* prudenti, che le erano costati il primo set. Ma poi, al cambio di campo, si era resa conto che la paura di

perdere la partita era passata, dimenticata, sovrastata da una paura più forte. Quella di morire.
E aveva ritrovato se stessa, rimontando l'avversaria.
Due giorni dopo, sulla scia del pericolo scampato, l'azzurra si prende una delle più belle soddisfazioni della sua vita: l'agognata rivincita su Agnieszka Radwanska, Aga la Maga, sconfitta in due set in un match che vale la semifinale, con i relativi 900 punti. Per Sara è la caduta dell'ultimo tabù: in tutta la sua carriera, è la prima vittoria contro una Top Five.
E fa nulla se di lì a poco Serena, il Drago, a suon di fiammate la ridurrà letteralmente in cenere, in una partita a senso unico. L'onore è salvo, la reputazione è salva, la classifica è salva. E nessuno si azzarda a contestarle il diritto di restare là dov'è. Tra le grandi.

Excalibur è molto fiera di se stessa. Ripensa a quei concitati momenti, mentre la fisioterapista della WTA si affannava sull'addome di Sara, sdraiata sul Suzanne Lenglen. Si rivede mentre, appoggiata alla sedia, ispirava silenziosamente alla ragazza i movimenti più giusti, le suggeriva il massaggio più adatto. La sa lunga in materia, una Spada come lei. Quanti ne ha visti in vita sua di guerrieri cadere con il diaframma bloccato, per la tensione della battaglia e la compressione delle placche d'acciaio della corazza?

Il pugno chiuso, il gesto tipico divenuto marchio di fabbrica di Sarita.

Taurus

Non sono mai stata un'esperta di astrologia e segni zodiacali ma mi sono sempre riconosciuta molto nei valori e nello spirito che incarna l'essere nata sotto il segno del Toro...
Personalmente non ho mai creduto tanto alle coincidenze: nella mia vita ho sempre cercato di decidere il meglio per me stessa e per la gente che mi vuole bene. Però la prima volta che da Barcellona ho viaggiato per Valencia e avvicinandomi alla meta ho visto un grande Toro stagliarsi sulle colline valenciane mi è scappato un sorriso, e tra me e me ho pensato: "Vai Sara, stai andando nella giusta direzione...".
Quale migliore posto della Spagna per allevare e rendere grande un Toro allora?? :)
Sono una persona genuina, amo le cose semplici ma fatte bene e i traguardi che si conquistano passo dopo passo, uno alla volta, con tanta fatica e tanto coraggio, con lentezza ma allo stesso modo con costanza: come il Toro che quando arriva il momento di fare sul serio abbassa la testa per mostrare le corna, non incrociando lo sguardo con nessuno. Non mi piace la velocità e non sopporto tutto quello che me la possa imporre: a meno che non sia io a prendere il controllo e a scegliere di farlo, non mi piace essere pressata e se lo sono posso diventare molto suscettibile e permalosa; ho sempre bisogno del mio tempo, soprattutto se si parla di fare cambiamenti o di prendere qualche decisione. Infatti amo anche la calma e la comodità, lontano dai flash e dai riflettori, condivise solo ed esclusivamente con pochi intimi, con le persone cui voglio davvero bene, di cui peraltro sono molto possessiva: non perché io le consideri come mia proprietà ma perché mi lego a loro in modo talmente forte da farle diventare un po' un mio prolungamento, e tutto quello che faccio per me lo faccio allo stesso modo per loro. Ho bisogno di sicurezza e stabilità, tengo veramente stretti a me pochi amici: voglio poter condividere tutto con loro e per questo la fiducia è una cosa essenziale, il tradimento o l'inganno sono per me cose quasi imperdonabili.
Come tutti i Tori sono anche una persona dolce, solare e giocherellona. Non a caso mi piacciono le sfide e le scommesse

tra amici, di quelle che chi perde offre agli altri una cavolata, solo per passare il tempo insieme e avere il gusto di dire: "Oh, però alla prossima mi dai la rivincita, eh!". A patto che sia io a vincere, ovvio :-). A perdere non ci sto davvero mai, dentro e fuori dal campo, e normalmente è molto difficile farmi arrabbiare per cose serie, invece mi indispettisco per delle piccole cose cui tengo molto.

A parte tutto sono una persona molto pacifica che reagisce solo quando viene attaccata... Ma quale miglior motivo per rispondere quando vedi arrivare verso di te una pallina colpita da un estraneo che sta invadendo il tuo campo, il tuo territorio?? :) Queste sono le virtù principali che credo meglio mi identifichino, e sono fiera di rappresentarle.

A proposito di "coincidenze", cosa credete che abbia pensato quando il mio idolo e amico Rafa ha deciso di scegliere come simbolo per la sua linea di abbigliamento un paio di corna??? :)

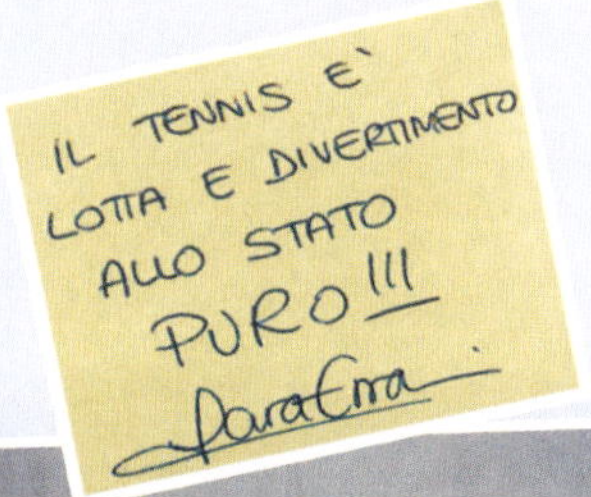

HO PROVATO, HO FALLITO...
NON IMPORTA.
RIPROVERÒ, FALLIRÒ MEGLIO...

SAMUEL BECKETT

ESTATE DI CRISI

Nel tempo il rapporto tra Sara e Roberta si evolve, diventa più adulto e maturo. La tarantina sta disputando una grande stagione, è arrivata anche lei a un passo dalla Top Ten. Giocando gli stessi tornei capita sempre più spesso che le due ragazze si trovino una contro l'altra.
In omaggio a una sorta di patto non scritto, tra loro parlano molto poco di quelle partite fratricide, sempre piene di tensione, poco spettacolari, deludenti per il pubblico e per loro stesse. Tuttavia il comportamento di entrambe durante quei derby anestetizzati (niente pugnetti, niente incitamenti, tensione agonistica tutta contenuta, compressa, massimo controllo delle emozioni) era diventato sempre più innaturale, forzato e faticoso.
L'ultima stazione di quella che stava diventando un'autentica *via crucis* l'avevano vissuta poche settimane prima di partire per la tournée americana, nella finale del torneo di Palermo.
Sara era andata da sola, senza Pablo, ed era stata per tutta la settimana ospite a casa di Roberta, che nella città siciliana risiede e si allena da molti anni.
Si erano divertite un mondo, ogni sera, con gli amici di Roby, con Francesco, con sua moglie Susanna. Erano le reginette del torneo, erano i personaggi più attesi dai fan e dai media, erano le prime due teste di serie del tabellone, ed erano arrivate

entrambe in finale, per la grande gioia del pubblico e degli organizzatori.
La romagnola aveva vinto a mani basse tutte le partite, soffrendo appena un po' in semifinale contro quell'imprevedibile talento di Klara Koukalova, ceca dalla tecnica cristallina e dalla motivazione altalenante. Roberta invece, che teneva da morire al torneo della sua città, dove non era mai riuscita ad affermarsi, aveva dovuto faticare le pene dell'inferno fin dal primo turno con la piemontese Giulia Gatto-Monticone, e in semifinale era uscita vittoriosa da una vera e propria maratona contro la spagnola Estrella Cabeza Candela.
Ed eccole in campo, per l'ultimo atto del torneo, sul centrale del Country Club della città siciliana, in una torrida serata di luglio. Fin dalle prime battute Sara aveva percepito che Roberta era più motivata delle altre volte. La tarantina desiderava ardentemente scrivere il proprio nome nell'albo d'oro di quello che per lei era il torneo di casa. La voglia di vincere era così tanta da sovrastare quello strano sentimento, un po' protettivo e un po' materno, che Roberta aveva sempre provato nei confronti dell'altra Cichi, e che nei precedenti scontri diretti le aveva un po' frenato gli slanci agonistici.
La partita era stata, al solito, molto nervosa. Il punteggio era in equilibrio, erano a metà del terzo set. Roberta stava giocando bene. E all'improvviso nella testa di Sara era successo qualcosa d'imprevisto. Tutto a un tratto, la romagnola si era resa conto di non farcela più, di non riuscire a restare nel match. Di non avere la solita intensità, la solita capacità di lottare punto a punto. Le era parso come di sdoppiarsi, di uscire da se stessa. E aveva visto la partita sfuggirle, come fosse una spettatrice, anziché la protagonista.
La premiazione era stata un momento durissimo per entrambe. Roberta, ovviamente felicissima per aver vinto il torneo che sognava da una vita, era rimasta sgomenta per i lacrimoni disperati versati da una Sara mai così angosciata, che non sapeva spiegarsi cosa le fosse successo.
Per entrambe, una settimana iniziata benissimo aveva avuto

Agosto 2013.
Sara impegnata
sul cemento
canadese.

un finale nel quale l'amaro aveva superato il dolce.

Bisognava assolutamente fare qualcosa.

Poche sere dopo, in un ristorante italiano di Toronto, avevano affrontato l'argomento tutti assieme, davanti a un gran piatto di lasagne. Era stato Pablo a introdurre il discorso, con la consueta lucidità. Come sempre fa quando l'argomento è delicato, si era sforzato di parlare il suo miglior italiano.

"Secondo me voi due quando vi incontrate dovreste cercare di essere più spontanee, meno controllate. Io capisco l'amicizia, la paura di ferire la sensibilità dell'altra, ma così vi tenete tutto dentro e vi fate del male da sole. Tirate fuori le emozioni: se una fa un bel punto, può anche fare 'vamos' e il pugnetto, non c'è nulla di male. In quel momento state giocando a tennis, siete avversarie. Siete la numero 5 del mondo che incontra la nu-

mero 11. Non è la partita fra soci della domenica mattina al circolo, è normale che ci sia agonismo. Mica dovete vergognarvi di voler vincere. Poi si esce dal campo, e si torna amiche".
"Pablo ha ragione". Era intervenuto subito Francesco, sghignazzando. "E poi parliamoci chiaro: ormai si è capito che quando giocate l'una contro l'altra vi tirereste il collo come si fa alle anatre, quindi evitiamo queste finzioni. Tanto mica potete fare le attrici: a Hollywood non chiamano certo voi due nanerottole".
Risata generale.
Sara e Roby si erano guardate timidamente, senza parlare. Ed era scoppiata un'altra risata fragorosa. Roberta aveva chiuso l'argomento: "Ok Cichi. Esterna pure quello che ti pare, ma se al primo diritto che sbaglio ti azzardi a farmi 'vamos' vengo di là e ti ammollo una racchettata fra gli occhi...".
Altra risata generale, ancora più fragorosa delle altre.
Le lasagne, nel frattempo, erano scomparse.
Manco a farlo apposta, pochi giorni dopo le Cichis sono in campo l'una contro l'altra, negli ottavi del Premier di Cincinnati.
Poco prima, mentre si riscaldavano coi rispettivi allenatori, entrambe avevano deciso, di comune accordo, di liberarsi dalle loro sovrastrutture e di interpretare il match con quella cattiveria agonistica senza la quale non si può parlare di sport professionistico.
Roberta aveva anche studiato con più attenzione la tattica, su consiglio di Francesco: aiutata da una superficie sintetica piuttosto rapida, aveva pianificato di buttarsi a rete alla prima occasione, per sfruttare le sue qualità nel gioco al volo e per impedire a Sara di far valere i suoi schemi da fondocampo.
Ne era venuta fuori una partita bella, combattuta e, per la prima volta, anche molto "viva" agonisticamente.
All'inizio del secondo set, con la pugliese avanti 6-4, ecco che succede qualcosa di inedito. Roberta gioca un profondo attacco lungolinea in back e lo segue a rete. Sara, presa in contropiede, non riesce a ribattere. Il colpo di Roby è al limite, atterra nei pressi della riga. Il giudice di linea giudica la palla buona

e il punto è assegnato alla tarantina. Sara però l'ha vista fuori, ne è sicurissima: non si capacita di quello che secondo lei è un clamoroso errore e urla tutta la sua frustrazione verso l'arbitro: "È fuori un metro! Un metro!".
Nella foga, si è addirittura espressa in italiano. Roberta la guarda, stupita, ma non dice nulla.
Qualche game dopo, su un'importantissima palla break per Roberta, scena simile ma dall'esito opposto. Roby attacca ancora col rovescio, mettendo in grande difficoltà Sara, che rimanda di là una palla qualsiasi. Il punto pare fatto per Roberta, ma il giudice di linea chiama la palla out, venendo immediatamente smentito dall'arbitro di sedia, secondo cui la palla era in campo. Ai sensi del regolamento, si deve ripetere un punto che Roberta avrebbe sicuramente vinto. La pugliese allora scoppia. Rivolge un'occhiataccia all'amica, si ferma con le mani sui fianchi ed esclama: "Ecco, lamentati adesso!".
Sara resta lì, basita, sorpresa. I punti successivi li vince Roberta, che sullo slancio si prende la partita. La stretta di mano è freddissima. Decisamente, gestire questi match è per loro una fatica improba. Molto meglio affrontare il Drago.
Per Pablo e Francesco sono momenti di grande tensione. Entrambi sanno anche troppo bene quanto l'intesa, la profonda amicizia, sia stata determinante nel favorire i percorsi di carriera delle due ragazze.
Poco dopo le Cichis entrano in campo per i quarti di finale del doppio. Affrontano una coppia di buon livello, composta dalla pin up tedesca Julia Görges, che oltre a essere forse la più bella ragazza del circuito è anche un'ottima giocatrice, e la ceca Barbora Zahlavova-Strycova, una piccoletta reattiva come una molla e totalmente folle: una che con la racchetta in mano saprebbe fare qualsiasi cosa, se solo riuscisse ad avere un po' più di autocontrollo dentro il campo. È un match duro. Sara e Roby non si sono ancora chiarite, ma sono due professioniste: mostrano la consueta intesa, affinata in tante battaglie combattute assieme, anche se questa è la prima volta che capita loro di giocare separate, oltre che da una linea di metà

campo, anche da qualcosa di non detto, da un dissidio non risolto, da una potenziale ombra sul loro rapporto. Si perde in volata, al super tie-break. Ci sta. Ci sono anche i meriti degli avversari, a volte.
Poco dopo, nello spogliatoio, mentre si asciuga i capelli, Roby sente che tocca a lei fare la prima mossa. Si avvicina a Sara, davanti allo specchio, e le sussurra all'orecchio: "Allora Cichi, stasera dove vuoi cenare? Ho capito, ho capito, offro io, visto che ho vinto...". E le sfodera uno di quei suoi sorrisoni a trentadue denti, materni e rassicuranti come sono solo quelli delle donne del nostro Sud.
Sara si gira e la guarda, sollevata. Sorride anche lei e le rifila una sonora pacca sulla spalla. "Dove vuoi tu, Cichi. Ma la cena la paghi a tutti, mica solo a me!".
In un lampo, la romagnola afferra lo smartphone e invia un sms a Pablo.
"Dai ragazzi, alle otto state pronti che stasera paga Roby per tutti!".
Quella sera entrambe le ragazze si rendono conto di aver imparato qualcosa: sullo sport, sull'amicizia e sulla vita.

La notte aveva fatto quel sogno.
Era alla guida di un enorme camion, di quelli lunghissimi che si vedono nei film americani. Percorreva una grande autostrada in mezzo a una sterminata pianura. Il camion trasportava un carico di tubi di ferro, pesantissimi, e procedeva lento ma sicuro. Il rombo del motore, forte e regolare, aveva un che di rassicurante. La strada era dritta, abbastanza comoda, liscia, scorrevole, sempre uguale.
Sara guidava da un tempo lunghissimo, ma sentiva di non potersi fermare, doveva a tutti costi consegnare il carico.
La strada però sembrava non finire mai. Aveva la schiena indolenzita per la lunga immobilità, le braccia le dolevano e la luce abbacinante del deserto le feriva gli occhi. Ma continuava a pigiare l'acceleratore, ben decisa ad andare avanti.
A un certo punto, il rumore del motore si faceva diverso, più

Sulle tribune dello stadio di Massa Lombarda, per uno shooting Nike.

basso, più sofferto, più discontinuo. Sara si accorgeva, scrutando preoccupata il contagiri, che il regime di rotazione calava sempre più. Duemila giri al minuto, milleottocento, milleseicento, millecinquecento. Spingeva sull'acceleratore, ma non serviva a nulla.

Il camion aveva iniziato lentissimamente a perdere velocità. Cinquanta miglia all'ora, quarantacinque, quaranta, trenta. Sara iniziava a sudare freddo, preoccupatissima. Tra l'altro, la grande autostrada era diventata un'angusta statale a una sola corsia. Il suo camion, rallentando sempre più, occupava tutta la carreggiata e ostacolava la circolazione. Venti miglia all'ora, quindici. Sara premeva freneticamente l'acceleratore, con tutta la sua forza. Aveva il piede che le faceva male e un crampo iniziava a morderla sul polpaccio della gamba destra. Ma non serviva a nulla. Dieci miglia all'ora, cinque. Il camion

andava sempre più piano, veniva superato anche da due tizi che procedevano a piedi, e il motore aveva iniziato a emettere un rantolo metallico, stridente, acutissimo, che faceva accapponare la pelle.
Sara angosciatissima sentiva un gran rumore di clacson provenire dalla sconfinata fila di veicoli formatasi dietro di lei, ma non sapeva cosa fare. Percepiva che se si fosse fermata non sarebbe mai più riuscita a ripartire. Il rombo dei clacson diventava sempre più forte, dominando il rumore sempre più incerto del motore del suo camion, ormai agonizzante. All'improvviso, con terrore, aveva sentito le sirene spiegate della polizia, che si avvicinavano rapidamente.
E si era svegliata di soprassalto.

Poche ore dopo Sara è seduta in fondo a un enorme catino, rumoroso, variopinto, brulicante di gente che parla cento lingue e mille dialetti, spietatamente riarso da un sole crudele. È l'Arthur Ashe Stadium di New York: coi suoi 22.000 spettatori, il più grande stadio del mondo dedicato a questo sport.
La Torre di Babele del tennis moderno.
La nostra si gira verso destra, oltre il seggiolone dell'arbitro, e scruta colei che sarà la sua avversaria in questo match di secondo turno. È una presenza amichevole e familiare. Si tratta di Flavia Pennetta, la sua compagna Flavia, che sta faticosamente recuperando da un tremendo infortunio al polso. È la prima volta nella storia del nostro tennis che un derby azzurro si gioca sul campo centrale in un torneo dello Slam. Sara scruta il viso della sua amica. Ne osserva lo sguardo concentrato, deciso ma sereno. Ne invidia lo stato d'animo tranquillo. Flavia sta per affrontare la testa di serie numero 4 del torneo, e può giocare a cuor leggero. Del resto, non è successo anche a lei, anni prima, di giocare grandi match da sfidante, senza nulla da perdere e senza alcuna tensione? Invece adesso è proprio lei la favorita, è lei che deve tenere il cartellone, è lei la star.
La testa-di-serie-numero-quattro-dello-US-Open.
Sono trentasei anni che un tennista italiano non merita tan-

to credito, da quando ad Adriano Panatta, campione uscente, venne assegnata addirittura la seconda testa di serie nel Roland Garros del 1977.

Sara con un sospiro si avvia verso il centro del campo, fissando l'abitino rosso fiamma della brindisina. Ha già capito che la sua avversaria giocherà una grande partita.

Durante il palleggio di riscaldamento ripensa al sogno e a quel dannato acceleratore, che aveva vanamente premuto per tutta la notte. Le sembra ancora di sentire la gamba destra intorpidita dallo sforzo.

La nostra è in sala stampa, con lo stato d'animo di un condannato davanti a un plotone d'esecuzione. Di fronte a lei, una turba di reporter gasati dal risultato a sorpresa, eccitati, iperattivi, che le sparano contro una gragnuola di domande.

Era entrata nella sala ripromettendosi di stare tranquilla e di dire le solite cose di circostanza, all'insegna del "tanto dura poco, poi potrò riposarmi". Ma di fronte alle sollecitazioni incalzanti dei giornalisti, a un certo punto qualcosa era cambiato. Le era venuto un pesante cerchio alla testa, le sembrava di essere sul punto di svenire. D'un tratto, mentre parlava, recitando la solita parte mandata a memoria, il solito campionario di frasi fatte, si era accorta di avere una specie di enorme ragno vivo, nero e peloso, incastrato proprio in mezzo alla gola. Doveva sputarlo fuori subito, all'istante, o sarebbe morta soffocata.

Arriva il crollo. Sara scoppia in un pianto dirotto, catartico, liberatorio. I reporter anglosassoni iniziano a pensare al pezzo, da infarcire coi soliti stereotipi e luoghi comuni: "This is very Italian!".

Nello stupore generale la romagnola finalmente si sfoga, confessa tutto il suo disagio, tira fuori tutto quello che, per uno stupido orgoglio, o per vergogna, o per senso di colpa, o nell'illusione che il problema non esistesse, o che si risolvesse da solo, aveva tenuto dentro di sé, senza dire nulla a nessuno, nemmeno a Roby, nemmeno a Pablo, nemmeno a Davide, per tutte quelle ultime settimane.

Il fatto era che da un po' di tempo, da quando erano arrivati negli Usa, per la prima volta in vita sua, per la prima volta da quando aveva sei anni, non voleva più giocare. Non ne aveva nessuna voglia. Entrare in campo, allenarsi, provare uno schema, un esercizio, le costava sempre più fatica.
Se s'imbatteva in una partita di tennis in Tv cambiava subito canale, lei che era un'autentica maniaca, e che non se n'era mai persa una per anni e anni. E dentro al campo, in partita, le capitava sempre più spesso di percepire quella tremenda sensazione che aveva avvertito per la prima volta nella finale di Palermo: nel bel mezzo della lotta, ecco arrivare, di punto in bianco, quella specie di strana indifferenza, quell'indefinibile abulia, quell'assoluta impossibilità di continuare a lottare punto a punto.

Il percorso agli US Open 2013 si ferma al secondo turno. Sopra, lo sfogo in conferenza stampa.

Quando le avevano dato addirittura la testa di serie numero quattro si era sentita presa in trappola, e aveva avuto l'impulso di fuggire.

Nelle interviste che era venuta rilasciando, fra Toronto e New York, si faceva forza, ripeteva la solita filastrocca: "Si, sono in fiducia, spero di fare bene, è una stagione molto positiva...". E salutava col consueto sorriso.

Ma i suoi interlocutori non potevano sapere che quella ragazza bionda, solare, serena e sicura di sé con cui avevano appena parlato aveva lo stomaco pieno di catrame, i nervi a pezzi e tanta voglia di gridare ai quattro venti "voglio scappare, non ce la faccio più, voglio andarmene lontano, su una spiaggia piena di sabbia, dove non mi conosce nessuno e starmene tut-

to il giorno a dormire e a prendere il sole, senza fare niente!".
Il giorno dopo tutta la stampa, non solo quella specializzata (a riprova della popolarità della romagnola), riporta con un misto di empatia e morbosità il momento di crisi di Sara Errani, la numero uno del tennis italiano, che ha dichiarato al mondo, fra le lacrime, di non riuscire a reggere la pressione e le aspettative, di non divertirsi più a giocare, di non riuscire più a lottare e far girare in suo favore i match.
L'azzurra si rifugia all'interno del suo entourage, nell'affetto di chi le vuole bene.

Pablo Lozano è un tipo spiccio, pratico, concreto, senza fronzoli. Si presenta al loro primo colloquio chiarificatore, dopo la conferenza stampa, armato di dati, cifre e statistiche. Manco a dirlo, parla italiano.
"Ascoltami Sarita. Ho fatto due conti: sai quante partite hai giocato da gennaio a oggi?".
"Tante".
"No Sarita. Non sono tante. Sono più che tante: sessantaquattro in singolare e quarantasei in doppio. In totale fanno centodieci, in tre continenti. Non sono tante. Sono tantissime. Una ogni due giorni".
Sara fa cenno di sì con la testa. Pablo la incalza.
"E lo sai quante ne hai vinte?".
"Beh, direi parecchie".
"No, Sara, non ne hai vinte parecchie. Ne hai vinte tantissime! Quarantacinque in singolare e trentasette in doppio. Una enormidad".
"Che vuoi dire Pablo?".
Adesso lo spagnolo diventa più severo. La sua voce acquista quella durezza metallica, granitica, che Sara nel tempo ha imparato a riconoscere e a temere; quella durezza che lui tiene ben dissimulata all'interno del suo animo gentile, e che tira fuori solo quando è necessario, quando non se ne può fare a meno.
"Voglio dire, cara la mia signorina perfettina, che anche tu, ti

piaccia o no, sei un essere umano. Che se una vince ottantadue partite in otto mesi, ha tutto il diritto di sentirsi stanca, di non aver voglia di allenarsi, di voler mollare un po', di ridurre i carichi di lavoro. E che se invece di voler fare tutto di testa tua, di voler andare avanti a ogni costo facendo finta di nulla, di rinchiuderti nel tuo personaggio da Robocop invulnerabile e infallibile, ti fossi decisa a parlare, ad ammettere di sentirti stanca, esaurita e stressata, qui avresti trovato ciò che cercavi: comprensione y asistencia".

Adesso Sara ha gli occhi lucidi.

"Hai ragione Pablo. Non so cosa farei senza di te".

Ma lo spagnolo taglia corto. Le recriminazioni non fanno per lui. È abituato a guardare sempre avanti, come il timoniere di una nave.

"Te lo dico io cosa farai. Anzi, cosa faremo. Ora, finito il doppio qui, noi andiamo in Oriente. Tranquilli. Intiendi? Tranquilli, Sara! Riduciamo i carichi di lavoro. Facciamo un po' di turismo. Andiamo là facendo finta che sia una vacanza. Tanto non difendi niente: l'anno scorso a Pechino ti sei infortunata, ricordi?".

Sara deglutisce, poi fa cenno di sì con la testa.

"E quello che viene, viene. Senza fare calcoli. Poi torniamo a Valencia, ci alleniamo per bene. E se ci qualifichiamo per il Master, andiamo a Istanbul e facciamo vedere a todos che la tigre è ancora viva".

Pausa. Pablo la guarda dritta negli occhi. Rassicurante, ma inflessibile.

"Vamos, Sarita?".

"Vamos, Pablo. Vamos".

Lo aveva abbracciato a lungo, senza parlare. Poi se ne era andata a Manhattan con Roby, a comprare uno sterminato set di completini, abitini, vestitini, da regalare a Pau, il figlio di Pablo, un dolcissimo bambino di poco più di un anno, che proprio lei aveva tenuto a battesimo.

Gli uomini cercano disperatamente di scorgere, se non un senso, almeno un ordine logico e coerente in una sconnessa

e confusa serie di eventi, totalmente dominati dai capricci del caso.
Chissà cosa ne sarebbe stato della carriera dell'azzurra, se un giorno di ottobre del 2004, in una delle tante accademie di Valencia, non avesse incontrato uno sconosciuto allenatore di nome Pablo Lozano.

Excalibur ha preso la batosta newyorchese con filosofia. Trova molto positivo che Sara si sia finalmente decisa a uscire dal suo guscio, si sia aperta, abbia confessato pubblicamente le sue fragilità. La guerriera si è spogliata dalla sua pesante corazza d'acciaio, che la stava soffocando. Excalibur del resto sa da molto tempo che le corazze in battaglia sono utili solo fino a un certo punto. Non esiste una corazza impenetrabile, non esiste un muro che non si può abbattere, non esiste una fortezza inespugnabile. Prima o poi, se si vuole vincere, bisogna uscire allo scoperto e duellare faccia a faccia. Una spada se ne intende, di queste cose.

MAI SOTTOVALUTARE
IL CUORE DI UN CAMPIONE.

RUDY TOMJANOVICH, ALLENATORE NBA

THE TIGER IS BACK

Accademia TenisVal, Valencia, 16 ottobre 2013. Due uomini sono fermi vicino a una piccola pista di tartan. Sul terreno è stato tracciato un breve percorso rettilineo, lungo una decina di metri. Alle estremità, due piccole fotocellule. Uno degli uomini è alto, allampanato, il cranio perfettamente rasato, le membra asciutte e vigorose. Ha l'aria austera e severa di un monaco dell'ordine domenicano, casualmente capitato dentro una tuta da ginnastica. Tutto in lui indica autodisciplina, precisione, cura dei particolari. Ha in mano un cronometro e un block notes. Ogni tanto annota rapidamente qualche cifra, per poi mostrarla sorridendo al suo compagno, che annuisce soddisfatto.

Sul percorso, una ragazza di piccola taglia, dai capelli biondi e dalle cosce robuste, ci sta dando dentro con tutta se stessa, sbuffando, gemendo, incitandosi.

Vederla muoversi è un autentico spettacolo. La biondina sembra una palla di gomma. Si posiziona dietro la prima fotocellula, aspetta il segnale dall'uomo allampanato, scatta rapidissima verso la seconda fotocellula, la raggiunge, per poi cambiare fulmineamente direzione, tornare indietro a tutta birra, arrivare nuovamente alla prima fotocellula, cambiare ancora direzione e ripartire di nuovo, con tutta la forza dei suoi giovani muscoli. Il tutto per sei volte.

Sara zittisce i suoi detrattori dopo essersi qualificata per il Master di Istanbul 2013.

Si tratta della "navetta otto per sei", uno sprint di otto metri con cambio di direzione a 180 gradi da ripetere per sei volte. È uno dei più diffusi test che i preparatori fisici utilizzano per valutare la performance atletica di un tennista.
La biondina si ferma e si dirige verso i due uomini. Il respiro è accelerato, gli occhi azzurri brillano come due gemme.
"Allora? Come sono andata?".
Il tono della voce è euforico, come quello di uno scolaro sicuro del suo compito, in attesa della lode del maestro.
L'uomo più basso, una nostra vecchia conoscenza di nome Pablo, dà di gomito al suo compagno, ridacchiando.
"Habla, David".
"Muy bien, Sarita. Muy, muy bien". Esclama quest'ultimo. E mostra il riscontro cronometrico alla biondina, un'altra nostra vecchia conoscenza dalle origini romagnole.

Con David Andres, il suo preparatore atletico, e Pablo Lozano. Sotto, alla cerimonia inaugurale del Master WTA.

L'azzurra afferra avidamente il block notes e guarda i numeri. Dallo stupore, gli occhi celesti sembrano diventare ancora più grandi.
"Dodici secondi e ventidue centesimi! Ahhhh! Pablo, è record personale, stasera paghi la cena! Vamooooss!".
E riparte a tutta birra verso gli spogliatoi, i piedi che paiono volare sul terreno, felice come una rondine a primavera.
Pablo la guarda sparire dentro la porta della Club House. Poi si gira verso il suo compagno, il monaco domenicano mancato David Andres, preparatore fisico di Sara Errani, di David Ferrer e di molti altri tennisti. Pablo gli ammolla una robusta pacca sulla spalla, per poi sussurrare due sole parole, a fior di labbra.
"Gracias, David".

La tournée asiatica era stata un'esperienza totalmente nuova per Sara e Pablo. Con i carichi di lavoro drasticamente ridotti, e senza l'assillo del risultato, il tecnico spagnolo aveva cercato in tutti i modi di liberare la testa dell'azzurra dall'enorme macigno di pressioni che era venuto accumulandosi in quei due anni di frenetica sarabanda, in cui erano rimbalzati come un pallone da basket per quattro continenti. Per la prima volta da quando avevano iniziato a lavorare assieme il tennis non era stato il principale argomento delle loro conversazioni. Se ne erano andati in giro, avevano fatto un po' più di turismo del solito. A Pechino erano stati a visitare il Palazzo dell'Imperatore e la Grande Muraglia. Roby e Francesco li avevano accompagnati, come al solito. Scherzi e battute erano come sempre all'ordine del giorno. A Pechino Sara aveva anche giocato bene: aveva battuto al primo turno la belga Kirsten Flipkens (pur sempre una Top Twenty) e poi nei quarti aveva perso in tre partite dalla Kvitova, dopo essersi aggiudicata un combattutissimo secondo set per 9-7 al

Ottobre 2013. In azione a Istanbul durante il primo match con Vika Azarenka.

tie-break. La voglia di lottare, evidentemente, stava tornando. Ma il meglio era venuto dopo. Tornati a Valencia, era arrivata la notizia della qualificazione matematica per il Master. Per il secondo anno consecutivo Sara avrebbe disputato a Istanbul sia il singolo sia il doppio. Un altro piccolo grande primato.
La nostra si era buttata a capofitto nel lavoro di preparazione. Aveva svolto con enorme impegno il breve ciclo di richiamo fisico predisposto da David, e i test parlavano chiaro: non era mai stata così in forma. Anche negli allenamenti tecnici sul campo aveva dato tutto, curando, come al solito, i minimi dettagli.
Pablo aveva ottime speranze per il Master, a patto che si fosse riusciti a tenere sotto controllo quell'avversario subdolo, contro cui il tecnico spagnolo aveva pochissime armi, e del quale fino a pochi mesi prima nemmeno sospettava l'esistenza: lo stress.

Sara e Pablo sono all'aeroporto Atatürk di Istanbul. Sono passati dodici mesi dall'ultima volta che sono stati qui, dall'esordio al Master. Sara ripensa sorridendo alle terribili scarpe dal tacco 12, al ricevimento che non voleva finire mai, alla sua paura di farsi male.
Si rende conto di essere molto cambiata, da quella sera. Un anno prima era una giocatrice emergente, un'inaspettata e piacevole novità nelle alte sfere del tennis mondiale. Tutto quel che le stava capitando era inedito, diverso, stimolante: una bella sorpresa dietro l'altra. Le pareva di trovarsi sulla soglia di un magnifico palazzo, splendidamente arredato con preziosi mobili di mogano intarsiato, lunghi corridoi coperti da ricchissimi tappeti, arazzi alle pareti, lampadari di cristallo e bagni coi rubinetti d'oro.
Ma poi qualcosa era cambiato. Aveva sperimentato sulla sua pelle anche l'altra faccia della medaglia. La pressione continua, la consapevolezza di dover soddisfare ogni giorno, in ogni singolo match, aspettative sempre più alte.
Il logorio nervoso, lo stillicidio di ansia, sollievo e poi ancora ansia, una partita dopo l'altra, un'avversaria dopo l'altra, un torneo dopo l'altro.

Immersa in questi pensieri, sale sulla vettura della *transportation*, diretta verso l'albergo. Si sente cresciuta, diversa. Più adulta, più consapevole. E ha in corpo una gran voglia di rivalsa: in questo Master, contro le più forti tenniste del mondo, è decisa a mostrare a tutti, sul campo, che lei c'è ancora, più tosta di prima, e che l'estate americana è stato solo un episodio. Ma è davvero così? Riuscirà a essere ancora competitiva a questo livello, contro le migliori?
Per saperlo, non resta che affidarsi al verdetto del campo.
Il campo, come sempre, dice la verità. Il campo non mente mai. Nel primo incontro del girone, contro una Vika Azarenka non al cento per cento, ma comunque temibile, la nostra gioca la partita dei rimpianti. Parte sparata, carica a pallettoni, va avanti 5 a 2, serve per ben tre volte per il set, ma non riesce ad assestare il colpo del ko e finisce per soccombere, complice anche un problema fisico al polpaccio della gamba sinistra. Tensione, ansia? Il solito complesso d'inferiorità contro le Top

Al termine della stagione 2013, Sara si posiziona al n. 7 della classifica mondiale in singolare e al n. 1 in doppio.

Five, che riaffiora nei momenti cruciali? Difficile capire, così a caldo.
Ma Sara ha imparato. Ora sa che è inutile stare troppo a lambiccarsi il cervello. Per fortuna il fastidio alla gamba si rivela una cosa di poco conto, solo un lieve affaticamento. La romagnola cerca di non farsi troppe domande e inizia subito a pensare al match successivo, contro la cinese Li Na, data in forma strepitosa.
È un'altra grande partita. Contro il meraviglioso "ping pong tennis" dell'asiatica, fatto di anticipi folli, aggressione continua e ricerca costante degli angoli, l'azzurra tiene botta alla grande, reggendo un ritmo infernale per quasi due ore. Sara deve subire la maggiore qualità del gioco dell'avversaria, ma sembra che non voglia proprio saperne di uscire dal campo. Annulla uno, due, tre match point con altrettanti vincen-

ti prima di capitolare, fra gli applausi convinti del pubblico. Il terzo match è quello buono. È vero, si tratta di una partita a punteggio acquisito, la Jankovic è già qualificata, lei è matematicamente fuori. Ma stiamo parlando di tennis professionistico, e in palio ci sono 140.000 dollari: 140.000 buone ragioni per mettercela tutta.
La vittoria dell'azzurra, un rotondo 6-4 6-4 contro la numero 8 della classifica, certifica davanti al mondo, con inoppugnabile evidenza, che la tigre romagnola è ancora viva.
Sara riparte da Istanbul in pace con se stessa. Chiuderà la stagione al numero sette della classifica mondiale di singolare e al numero uno di quella di doppio. È riuscita a restare sulla cima del muro, con tutto quello che comporta.
Si gode il magnifico panorama, ascolta la musica celestiale. Ma sa che deve sopportare stoicamente il freddissimo, fortissimo vento di tramontana, che lentamente ma inesorabilmente le entra nelle ossa, le gela il sangue, le soffia via l'anima.

Fuori c'è un sole abbacinante, caldo e luminoso. Un miracolo, per una mattina di novembre. Le tribune disposte intorno al campo centrale del Circolo Tennis Cagliari, costruite con tubolari prefabbricati, sono gremite da un pubblico composto ed entusiasta. Ci sono più di cinquemila persone. In una saletta dello spogliatoio il capitano azzurro Corrado Barazzutti ha appena finito di "catechizzare" una spaurita Roberta Vinci, in procinto di scendere sul terreno di gioco per il singolare di apertura della finale della Federation Cup. La tarantina si carica il borsone sulle spalle e si avvia verso l'uscita. Nel corridoio, ecco l'altra Cichi. Roby si ferma, guarda Sara negli occhi. La nostra, senza parlare, le batte un sonoro "cinque", con il palmo della mano, accompagnato da un sorriso. Roberta va in campo e inizia il palleggio di riscaldamento. Ha di fronte una ragazzona russa semisconosciuta, tale Alexandra Panova, anonima clavatrice tutta fisico e poco talento, abituale frequentatrice dei tornei minori. Ma Roberta ha lo sguardo fisso, è tesa come una corda di violino. È totalmente terrorizzata.

Tutto aveva avuto inizio dieci mesi prima, a molte migliaia di chilometri di distanza. Durante l'Australian Open, a Melbourne, Corrado Barazzutti e Sergio Palmieri avevano avuto un colloquio con Sara Errani, Roberta Vinci e i loro allenatori. Gli esponenti della Federazione erano lì per sondare la disponibilità delle giocatrici a rispondere alla convocazione per il primo turno di Fed Cup. Sara e Roberta avevano detto subito di sì, all'unisono. Terminata la riunione, le due Cichis si erano guardate negli occhi, senza parlare. Entrambe sapevano cosa stava pensando l'altra. Questa dovrà essere la "loro" Fed Cup. Dovranno essere loro due le protagoniste assolute, dopo tante battaglie vissute in panchina, all'ombra delle loro amiche-rivali Francesca e Flavia. È un diritto che hanno conseguito sul campo, per la classifica raggiunta, per i risultati ottenuti, per i valori tecnici che stanno esprimendo da molti mesi.
La prospettiva le aveva fatte entrambe fremere di orgoglio.
Il match di Roberta è iniziato. Sara lo segue nello spogliatoio, su un televisore. Dopo due *games* ha già capito che c'è qualcosa che non quadra. Roby nei giorni precedenti aveva avuto il torcicollo, ed era stata rimessa in piedi in qualche modo dallo staff medico azzurro, guidato dal mitico dottor Parra. Per niente al mondo la tarantina avrebbe rinunciato a scendere in campo per quella finale, anche se la Russia, a causa dell'assurda concomitanza tra l'evento e il cosiddetto Master B di Bali, un ricco torneo WTA destinato alle migliori fra le giocatrici di seconda fascia, aveva schierato una formazione largamente rimaneggiata e davvero poco competitiva, per la rinuncia di tutte le sue più forti tenniste. Out Sharapova, out Kuznetsova, out Kirilenko, out Petrova, out Makarova, out Vesnina, out Pavlyuchenkova, il capitano russo Tarpischev per mettere insieme la formazione era stato costretto a ricorrere alle frequentatrici del circuito minore e a qualche giovane di belle speranze. Alexandra Panova, l'avversaria di Roberta, è appena al 130esimo posto della classifica mondiale.
Ma tutto questo non conta.
Questa è la *nostra* finale, è la *nostra* Fed Cup. Si gioca in casa,

It takes more than skill
to play for your country
FedCup
BNP PARIBAS
FINAL

Rimini, Palermo e Cagliari: ecco il percorso delle atlete azzurre per aggiudicarsi la Fed Cup 2013.

hanno costruito tutto per noi uno stadio prefabbricato capace di ospitare 5000 persone, c'è pure il Presidente del CONI: dobbiamo vincere a tutti i costi. Cosa diranno se dovessimo perdere contro la Panova e la Kleybanova, poverina, al rientro agonistico dopo aver lottato per due anni contro il linfoma di Hodgkin?

Sara guarda sullo schermo Roberta affossare in rete l'ennesimo diritto tremebondo. È un errore grave. Costa all'azzurra il primo set. Nella sorpresa generale, la Russia è avanti 7-5.

La nostra, nel chiuso dello spogliatoio, in attesa di scendere in campo per il suo singolare, ripercorre il cammino fatto per arrivare fino alla finale.

In febbraio, a Rimini, in un palazzetto magnificamente allestito, e come al solito gremito di pubblico, avevano dovuto lottare a lungo contro gli Stati Uniti, guidati da una giocatrice in stato di grazia. La potente mancina Varvara Lepchenko, una tennista originaria dell'Uzbekistan, da anni con il passaporto americano, le aveva fatte dannare entrambe. Né Sara né Roberta

erano riuscite a trovare le contromisure al gioco della biondona di origine slava, che le aveva letteralmente fatte a pezzi a suon di mazzate di diritto. Un'autentica ira di Dio. Roby e Sara si erano guardate intorno. Ma non c'erano più al loro fianco Francesca e Flavia, entrambe alle prese con un momento molto difficile della loro carriera. Al loro posto, Nastassija Burnett, giovane romana in rampa di lancio, e la rediviva altoatesina Karin Knapp, coetanea e antica compagna di Sara ai tempi delle competizioni giovanili. Una tennista dal potenziale immenso, troppo a lungo martoriata da infortuni e problemi di salute.
Toccava a loro, alle Cichis, caricarsi la squadra sulle spalle. Si erano rifatte contro la numero 2 americana, la giovane Jamie Hampton, sangue coreano nelle vene e un gioco decisamente poco adatto alla terra battuta. Sul due pari, poi, ci era voluto tutto il loro sangue freddo, tutto l'appoggio del pubblico di Rimini, tutta la loro formidabile intesa, per prendersi la vittoria nel doppio di spareggio, contro l'immancabile Lepchenko e la specialista Huber.
Ma che fatica. In due giorni erano dimagrite tre chili, per lo stress e la tensione.
Sara butta un'altra occhiata al televisore. Roberta è davvero nei guai, indietro 5-2 anche nel secondo set. La romagnola teme il peggio. Ma lì, a un pelo dalla vittoria, l'avversaria si imballa, si divora la bellezza di tre match point. Roby sembra scuotersi, grazie anche all'appoggio incondizionato della gente. Sulla prima fila della tribuna, poi, ci sono tre tifose d'eccezione: Flavia Pennetta e Karin Knapp, le altre due componenti della squadra. E Francesca Schiavone, la condottiera storica, che prima aveva declinato l'invito della Federazione, e poi si era precipitata a Cagliari, per stare vicina alle sue compagne. Le tre ragazze stanno facendo un baccano d'inferno, sostengono Roberta punto a punto, urlando a squarciagola incitamenti, consigli, suggerimenti. Sara sorride, orgogliosa. La routine prevede che la seconda singolarista trascorra l'attesa nello spogliatoio, per non disperdere energie e per mantenere la

concentrazione. Ma quanto le piacerebbe essere anche lei in mezzo alle altre tre compagne, a urlare tutto il suo sostegno all'adorata Cichi.

Roberta continua a giocare da cani, ma ha il merito di restare lì. Con una sofferenza indicibile vince cinque *games* di fila e porta a casa il secondo set. 7-5 Italia, si va al terzo.

Nella testa di Sara lo scenario è cambiato totalmente. Non più un palazzetto, ma il sole di Palermo, in un meraviglioso aprile. Non più le americane, ma ancora una volta loro: le solite, fortissime, irriducibili, talentuose ceche, avversarie nella semifinale. Oltre a Petra Kvitova, ecco l'altra mancina, più filiforme nel fisico, ma altrettanto immacolata nella tecnica: Lucie Safarova.

Era stata un'altra incredibile battaglia.

Sara ripensa con affetto a Roberta, che nella sua Palermo aveva sfoderato una prestazione mostruosa, vincendo entrambi i singolari. Nel primo match aveva dato una lezione di tennis e di carattere alla Kvitova. Il secondo giorno, con l'Italia avanti due a uno, aveva lottato come una tigre contro la Safarova e contro la stanchezza, in un convulso terzo set. Più provata della sua avversaria, con la spia della riserva che segnava rosso fisso, aveva avuto l'incredibile capacità – lei alta un metro e sessantatré centimetri – di aggrapparsi al servizio, con il quale aveva ottenuto una caterva di punti e frustrato il tentativo di rimonta della ceca. Nessuna tennista al mondo, nemmeno Serena Williams, ha un gesto di servizio pulito e perfetto come quello di Roberta Vinci. Che pur di portare l'Italia in finale quel giorno si era quasi smontata una spalla.

Sara torna a guardare nel televisore. Purtroppo la Roberta che vede muoversi lì sullo schermo è una lontana parente della tennista talentuosa e brillante che aveva battuto le ceche. Nel terzo set la Panova si è riportata avanti, e ha di nuovo match point, 5-4 e servizio. Roberta però lo annulla e continua stoicamente a lottare, sorretta dal pubblico e dalle scatenate compagne, fra crampi, torcicollo, tensione a mille e braccino. Pochi minuti dopo un diritto lungo della russa dà la vittoria alla nostra, dopo oltre tre ore di una sfiancante agonia. Sara esce dallo spogliatoio, si precipita in campo appena in tempo per vedere Roby, distrutta dalla fatica e dalla tensione, sciogliersi in un pianto dirotto, quasi disperato, fra le braccia premurose del capitano. Un pensiero, un lampo, attraversa la testa di Sara. È un proposito di vendetta, per la sofferenza inflitta all'amica. Adesso tocca a me. Adesso vi faccio vedere io. Adesso ve la faccio pagare.

È sera. Nel grande salone dell'albergo che ospita le squadre si sta svolgendo la cena di gala ufficiale. Le due delegazioni, quella russa e quella italiana, sono al gran completo. Ci sono poi alcuni giornalisti e qualche dirigente federale. Intorno a uno dei tavoli rotondi, elegantemente apparecchiati, siedono cinque ragazze. Con loro, un uomo magro, di mezza età, l'aria seriosa, quasi triste, la capigliatura liscia funestata da un'ampia stempiatura. Nel 1978 è stato numero 7 del mondo, ed è il capitano delle squadre azzurre di Coppa Davis e di Federation Cup. Il suo nome è Corrado Barazzutti.
La cena volge al termine. Al centro del tavolo, in un secchiello portaghiaccio, riposa una bottiglia di champagne, quasi piena. Intorno, sei bicchieri a calice. Le ragazze chiacchierano, ridono, scherzano, serene. Come sempre, traggono un piacere autentico dalla compagnia delle altre. La più loquace, al solito, è una bruna milanese con gli occhiali. Il suo nome è scolpito nell'Albo d'Oro del Roland Garros. Si chiama Francesca Schiavone.
"Mamma mia Sara, però pure te... E che diamine, potevi anche farle durare un pochino di più quelle due partite... In fondo la gente ha pagato il biglietto... Le hai brutalizzate, quelle due poverine, sia ieri che oggi! Devi imparare anche a capire le situazioni, sbarbatella".
Gran risata collettiva.
"E così a divertire la gente ci ho dovuto pensare io, con il doppio, assieme a Karin".
Prosegue un'altra ragazza mora, dall'accento meridionale. È

stata la prima italiana di sempre a rompere il muro delle prime dieci. A mostrare alle altre, e al mondo, che nel tennis si può vincere anche se si è italiani. Il suo nome è Flavia Pennetta.
Al suo fianco, una ragazza bionda, alta, robusta, conferma: "È vero. Io non ho giocato bene, ero emozionatissima, ma il pubblico è stato magnifico, ci ha incitate per tutta la partita. Una cosa incredibile".
Si esprime in un italiano stranissimo e pittoresco, in cui si mescolano accento tedesco e dialetto romanesco. Sei anni prima quella ragazza, ad appena vent'anni, nella finale del torneo di Anversa, era stata in grado di giocare da pari a pari con una certa Justine Henin, prima di infilarsi in un terrificante abisso di infortuni e problemi di salute, da cui è riuscita a riemergere con la tipica determinazione della gente di montagna. Il suo nome è Karin Knapp.
Roberta interviene: "Non se ne era andato nessuno, nemmeno sul tre a zero per noi... Francy ha ragione, Sara: ci hai messo troppo poco a vincere. E comunque, scherzi a parte, 5000 persone per un doppio a punteggio acquisito secondo me vogliono dire solo una cosa. Che la gente ci vuole bene. Ed è una gran bella sensazione".
Intorno al tavolo si fa silenzio. Adesso è Corrado a parlare: "Io vorrei solo dirvi, ragazze, che sono molto orgoglioso di voi. Siete state capaci di farvi volere bene da tutti, e in Italia non è per nulla facile... Con il vostro comportamento e il vostro impegno siete un grande spot promozionale non solo per il tennis, ma per tutto lo sport italiano. Avete dimostrato di essere non solo grandi giocatrici, ma anche grandi persone, portatrici di valori sani: il rispetto, l'amicizia, la capacità di mettere da parte le esigenze del singolo in nome di una causa comune".
Le ragazze si guardano, impazienti. Il capitano parla poco, ma quando attacca... Sara decide che è tempo di intervenire: "Va beh, dai, Capitano, abbiamo capito... non farla troppo lunga..." e giù tutte a ridere. "Piuttosto, facciamo un brindisi: alla Grande Squadra che è stata e alla Grande Squadra che continuerà a essere".

"E alla vittoria. Abbiamo vinto, no?", aggiunge Flavia.
"Alle vittorie", precisa Francesca. "Con questa, fanno quattro".
I bicchieri si alzano, si toccano, tintinnano, mentre Corrado e le ragazze urlano, all'unisono: "Alla squadra e alle vittorie!".

Excalibur si è molto divertita in questa settimana in terra sarda. La serata della domenica è stata per lei un momento esaltante. Le è parso di rivedere gesti già noti, udire parole a lei familiari, rivivere momenti già vissuti in un lontano passato. Quando era stata appena forgiata e il mondo era più giovane. Dall'interno della sacca, in un angolo della grande sala, ha udito la sua padrona Sara, le sue compagne d'armi e il loro capitano ricordare le battaglie passate e architettare piani di guerra per il futuro. E poi le ha viste levare tutte assieme i calici, sotto la guida del capitano, per un brindisi vittorioso. Il tutto, intorno a una tavola rotonda.

In fondo, non era già tutto scritto?

Wilson

IF WINNING ISN'T EVERYTHING,
WHY DO THEY KEEP SCORE?

VINCE LOMBARDI, ALLENATORE NFL

TUTTI I RECORD DI UNA CAMPIONESSA

Qui il narratore interrompe per un attimo il racconto, rivestendo momentaneamente i panni, a lui più congeniali, dell'opinionista e dello statistico. Il lettore ansioso di sapere come finisce questa storia non ha che da voltare poche pagine, passando direttamente all'epilogo. Tuttavia, per meglio valutare la portata degli eventi narrati nel libro, appare necessario fermarsi un attimo per riflettere e per analizzare, con calma, numeri, fatti e cifre.

Negli ultimi anni il movimento tennistico italiano al femminile ha vissuto il periodo più esaltante della sua storia.

Un solo dato è sufficiente a illustrare l'eccezionalità dei risultati conseguiti.

Prima dell'impresa di Francesca Schiavone nel Roland Garros del 2010, per cinquantacinque anni di fila le giocatrici italiane non erano riuscite a superare i quarti di finale in un torneo del Grande Slam.

I quarti di finale degli Slam, così come la Top Ten, l'ingresso nelle prime dieci giocatrici del mondo, rappresentavano per il nostro tennis femminile una barriera altrettanto invalicabile delle Colonne d'Ercole per i marinai dell'antichità.

L'ultima semifinalista italiana in uno Slam era stata la piccola romana Silvana Lazzarino, detta Minnie, nel lontano 1954 a Parigi. Un tempo lontanissimo. Mentre Silvana calcava con

le sue velocissime gambe i campi del Bois de Boulogne, l'ingegner Dante Giacosa, a Torino, era curvo sul suo tavolo da disegno, intento a progettare la Fiat 600, che nessuno aveva ancora visto e che inizierà a uscire dalle catene di montaggio di Mirafiori solo l'anno successivo.
Dal 2010 al 2013, in appena quattro anni, le tenniste italiane hanno raggiunto le semifinali nei tornei dello Slam per ben sei volte (tre volte Sara, due Francesca, una Flavia), mettendo insieme una vittoria e due finali.
Tutto questo è stato possibile grazie a una generazione di atlete capaci di coniugare talento, qualità tecniche, doti atletiche, solidità mentale, grinta, determinazione, professionalità, rispetto reciproco, cultura sportiva e grande maturità, in campo e fuori, sia come giocatrici, sia soprattutto come persone.
Le vittorie nella Federation Cup, pur non costituendo il risultato sportivo più importante fra quelli conseguiti, sono molto significative proprio per illustrare il particolare percorso di crescita, tecnico e umano, compiuto da questo grande gruppo di giocatrici. Che sono state capaci di essere acerrime rivali senza mai mancarsi di rispetto, di trovare un punto di contatto fra personalità molto spiccate e diverse fra loro, di stimolarsi a vicenda in una continua gara di emulazione e superamento dei limiti, senza mai far emergere polemiche distruttive, senza mai una parola fuori posto, promuovendo anzi un'immagine pulita, sana, onesta e vincente dello sport italiano al femminile.
Le loro storie individuali, il loro approccio alla professione, il loro comportamento meritano di essere studiati e presi a modello, sia dalle giovani leve azzurre, dalle future generazioni di giocatrici italiane, sia da tutti coloro che hanno a cuore il nostro tennis.
Da questo punto di vista, l'esempio di Sara Errani emerge con grande potenza. La romagnola è la dimostrazione vivente di come sia possibile esplorare e superare i propri limiti, a patto di credere incondizionatamente in quanto si sta facendo e di impegnarsi ogni santo giorno nella propria professione, con tutto il proprio essere, nel rispetto delle regole e del prossimo.

L'esperienza di Sara è a suo modo perfetta per smontare uno dei tipici tratti distintivi – e negativi – del modo di fare sport nel nostro Paese: quella che Julio Velasco, il grande tecnico argentino, chiamava "la cultura degli alibi", ovvero l'addebitare un insuccesso o un fallimento sempre a fattori esterni, esogeni, non dipendenti da noi, liberandosi così la coscienza e mettendosi il cuore in pace.
Il modo migliore per fallire, in un progetto sportivo, è crearsi degli alibi, evitando l'assunzione delle proprie responsabilità. Sara è stata capace di arrivare sulla vetta del tennis mondiale nonostante un servizio estremamente debole, funestato da un mix di problemi fisici alla spalla e da un'impostazione tecnica rivedibile; è stata capace di lottare alla pari con le più forti giocatrici del mondo nonostante i suoi centosessantaquattro centimetri di statura; è riuscita a raggiungere, sul cemento, una semifinale nello US Open e un quarto di finale a Melbourne nonostante un'impronta tecnico-tattica da tutti bollata come "terraiola"; è arrivata al numero uno del mondo in doppio nonostante molti tecnici la ritenessero una singolarista inadatta alla specialità... E così via.
Ma per incamminarsi sulla strada percorsa da Sara occorre innanzitutto un ingrediente fondamentale, indispensabile per sopportare tutti i sacrifici, le privazioni e l'immane stress che, come abbiamo visto, sono i prezzi da pagare se si ambisce a una carriera al vertice del tennis professionistico.
La passione.
Se non ami con tutto il cuore ciò che fai, non potrai mai raggiungere certi traguardi.
E allora vediamoli nel dettaglio questi traguardi, questi primati, questi trofei.

Ecco tutti i record di Sara Errani:

- miglior classifica in singolare: n. 5 (20 maggio 2013);
- miglior classifica in doppio: n. 1 (10 settembre 2012);
- tornei WTA vinti in singolare: 7;
- tornei WTA vinti in doppio: 20 (fra cui 2 Australian Open, 1 Roland Garros, 1 US Open);
- Prize money: $ 8.334.744;
- prima giocatrice a qualificarsi al Master di fine anno in singolo e doppio per due anni consecutivi (con la formula attuale);
- giocatrice entrata in Top Ten partendo dal ranking più basso (dal n. 23 al n. 10, con il Roland Garros 2012);
- terza giocatrice a disputare, negli anni 2000, la doppia finale singolo e doppio al Roland Garros (prima di lei Mary Pierce nel 2000 e Kim Clijsters nel 2003);
- quinta giocatrice a qualificarsi, con la formula attuale, al Master di fine anno sia in singolo che in doppio (prima di lei Kuznetsova nel 2003, Clijsters nel 2004, Venus e Serena Williams nel 2009);
- prima giocatrice italiana a raggiungere tre semifinali nei tornei dello Slam;
- giocatrice italiana con la miglior classifica a fine stagione (n. 6 WTA, dicembre 2012);
- prima giocatrice italiana a vincere più di una partita al Master; giocatrice italiana con la più alta testa di serie in un torneo dello Slam (n. 4 allo US Open 2013);
- giocatrice italiana con il maggior numero di vittorie consecutive sulla terra battuta nel circuito WTA (sedici match);
- giocatrice italiana con il più elevato numero di tornei WTA vinti in una sola stagione (quattro: Acapulco, Barcellona, Budapest e Palermo 2012);
- con Roberta Vinci, prima coppia tutta italiana a vincere uno Slam in doppio;
- con Roberta Vinci, prima coppia tutta italiana a raggiungere il n. 1 al mondo in doppio;
- giocatrice italiana con la più lunga permanenza fra le Top Ten (94 settimane consecutive).

(I dati sono aggiornati al 23 marzo 2014)

Splendidi bimbi e liberi pensieri

Sono davanti all'ennesimo *gate*, per l'ennesimo aereo, per l'ennesimo andare e tornare della mia carriera. L'aeroporto di Madrid lo conosco come casa mia, anche se dovrei decidere quale in effetti sia poi casa mia: quella in Spagna o quella in Italia...

E allora perdersi viene facile, tra pensieri e fantasie. A riportarmi alla realtà non il solito annuncio dell'altoparlante, la solita voce impostata, ma quelle squillanti e giovani dei quattro monelli che spesso accompagnano le mie trasferte. La colonna sonora dei miei viaggi, Giuggi, Pallino, Pau e Alex, i quattro moschettieri, i figli di Francesco e Pablo...

Che bello passare del tempo con loro, le piccole pesti, divertita dai loro giochi improvvisati un po' ovunque. Non me ne accorgo, ma sussurro loro un grazie. Grazie per il sorriso che sempre mi strappate. Grazie perché la genuinità dei vostri gesti e delle vostre richieste mi riporta coi piedi per terra, al senso vero della vita, che non può essere solo dentro un campo da tennis. Siete pure in grado di farmi rileggere una sconfitta, di attenuare il senso amaro che un match perso sempre ti lascia.

E un giorno troverò pure il modo di dirvelo, e quel grazie ve lo urlerò in faccia.

Figli... già... sono una figlia anch'io. A volte, forse, lo dimentico visto che giro il mondo e vivo sola da sempre o quasi. Ho ventisette anni e da qualche tempo mi sorprendo a guardare questi splendidi bimbi con altri occhi. Gli occhi di Sara. I miei. E Sara è cresciuta, e a una famiglia ci pensa, una mamma

con la valigia. Molte colleghe hanno scelto la maternità: hanno deciso di smettere di giocare (momentaneamente) per un appuntamento con la vita. Che per una volta non è la tua.
Mamma: parola piena, perfetta, semplice. La mia è a Massa Lombarda, che da qualunque angolo della Terra ti metti a pensarla è sempre lontanissima.
Mi manca molto, ma so che c'è... sempre...
E non smetterò mai di ringraziarla per avermi insegnato che cos'è il coraggio.

IN ORIENTE SI DICE CHE LA VOLPE,
PRIMA DI ANDARSENE,
SI VOLTA SEMPRE
VERSO LA COLLINA DOVE È NATA.

ANTICO PROVERBIO

EPILOGO

Notte fonda. Sara è nella sua stanzetta, a Valencia. Dopo una durissima giornata di allenamento (è in piena preparazione invernale per la prossima stagione) la nostra dorme della grossa. Ma all'improvviso i sensi si ridestano. Percepisce come una presenza all'interno della stanza. Apre faticosamente gli occhi. C'è un vago chiarore, una tenue luce soffusa. "Luna piena" pensa Sara. Fa per alzarsi, guarda verso la finestra, quando resta stupefatta: appoggiato su una sedia, il suo borsone lascia trasparire come un contorno luminoso, a forma di racchetta. La nostra si avvicina e la estrae dal fodero. È Excalibur.
"Ciao Sara, come va? Sei stanca, eh...".
L'azzurra sta per svenire dallo spavento, sente gelare il sangue nelle vene. La sua racchetta le ha appena parlato!
Poi ripensa alla cena con gli amici al ristorante messicano dove, stremata per il duro allenamento, si è ingozzata come un tacchino di tacos, tortillas, burrito e tutto il resto. "Devo aver mangiato troppo. Sto sognando, e ora mi sveglio".
Ma non succede niente. Excalibur riprende a parlare, con una voce dolce che sembra venire da un tempo remoto.
"Non aver paura Sara. Io e te siamo buone amiche, da quasi due anni. Ormai dovresti aver imparato a fidarti di me. Voglio raccontarti una cosa, che ti servirà per i tuoi prossimi anni di carriera. Mettiti seduta e ascoltami".

La romagnola si sorprende a ubbidire, come faceva a scuola da bambina. Si siede sulla sponda del letto.
"Vedi Sara, tu pensi che tutte le cose belle che ti sono capitate negli ultimi due anni siano venute grazie a me. Ma io non merito tanto credito. Certo, ho dato un po' di potenza in più ai tuoi colpi, ho aggiunto al tuo diritto in top spin qualche giro di rotazione. Ma io sono stata solo un catalizzatore, un talismano. Poco più di un portafortuna. Il resto, cara Sara, tutto il resto, ce lo hai messo tu. È opera tua. Sei tu che hai iniziato a credere di più in te stessa, sei tu che hai avuto il coraggio di osare, di cambiare il tuo gioco, di non restare ancorata ai vecchi schemi mandati a memoria. Sei tu la campionessa. Io sono solo uno strumento".
Sara tace, gli occhi lucidi. È tutta un tremore, si sente pervadere da un traboccante orgoglio, fiera di se stessa. È un attimo di pura felicità. Excalibur continua a parlare.
"E quindi adesso non hai più bisogno di me. Certo, continuerai a adoperarmi, ma con una consapevolezza diversa, più matura, più adulta. Io però prima di salutarti e tacere per sempre, voglio raccontarti una storia".
Sara è ormai completamente rapita, totalmente soggiogata dal potere di Excalibur. Spalanca gli occhioni azzurri, ansiosa di ascoltare.
"Tu mi hai battezzato Excalibur. E non è stato per caso. Io sono in effetti un'antica spada celtica e ho passato gran parte della mia millenaria esistenza in Inghilterra. Prima di venire da te, sotto forma di racchetta, sono andata a farmi un giretto a Wimbledon, dalle mie parti, per visitare il museo e imparare qualcosa sul tennis, in modo da poterti meglio aiutare. Tu non hai mai giocato sul Centre Court, vero Sara?".
La nostra scuote la testa, meccanicamente.
"Io ci sono stata. Nell'anticamera, dove si passa prima di entrare in campo, c'è una scritta in cui è racchiuso il segreto del tennis. La conosci, Sara?".
La romagnola scuote di nuovo la testa.
"C'è scritto: 'Se incontrerai il trionfo e la sconfitta e riuscirai

a trattare quei due impostori allo stesso modo...'. Lo sai cosa vuol dire?".
Sara fa ancora cenno di no con la testa. È confusa, ma tremendamente incuriosita.
"Vuol dire questo: se non ti farai dominare la mente e il cuore dalla paura di perdere la partita, allora la vittoria sarà tua.
È una frase tratta da una poesia di un mio compatriota, un certo Rudyard Kipling. Si chiama If. Ma lui ha soltanto copiato. Tu ormai lo hai capito, Sara. Io ti sono stata utile, con il mio passato da spada, perché il tennis non è altro che un'invenzione dell'uomo moderno, per rendere incruento quello che è stato per millenni il passatempo preferito dell'umanità: assistere a un duello all'ultimo sangue. I guerrieri antichi, nella loro arcaica sapienza, lo sapevano già: chi saprà sconfiggere la paura della morte, quello sarà il vincitore del duello. Lo aveva scritto il mio primo padrone, Re Artù, sulla porta del castello di Camelot. Ma tu, Sara, dentro di te queste cose le hai sempre sapute, anche se nessuno te le aveva dette prima. Ecco, il segreto del tennis è tutto qui".
Sara è totalmente rapita, in una sorta di estasi mistica. Il sonno è tornato. Lentamente s'infila sotto le coperte e chiude gli occhi, mentre Excalibur continua a parlare.
"Perché vedi, Sara, tu ormai conosci te stessa. Tu hai lo stesso spirito dei cavalieri antichi. A fare la differenza, nel tuo gioco, non sono tanto gli aspetti tecnici. È quella piccola cosa che batte nel petto, che ti fa sentire viva, che accelera quando sei emozionata, che ti salta in gola quando arriva il momento cruciale, che marca la differenza fra il coniglio e il leone.
Il cuore". Sono le ultime parole di Excalibur.
Nel suo letto Sara dorme profondamente, il volto atteggiato a un lieve sorriso.

Roma, maggio 2014

In questo libro vi ho raccontato i miei anni più importanti, partendo dall'inverno del 2011 e dalla prima volta in cui ho preso in mano Excalibur fino ad arrivare alla splendida vittoria di Cagliari con l'Italia. Nel frattempo molte cose sono successe e continuano a succedere: domani – per esempio – sarò la prima italiana a giocare una finale agli Internazionali d'Italia a Roma dopo oltre sessant'anni...
Non so cosa potrà accadere, ma comunque vada di una cosa sono sicura: non finisce qui...